여성노동자, 반짝이다

여성노동자, ✳ 반짝이다

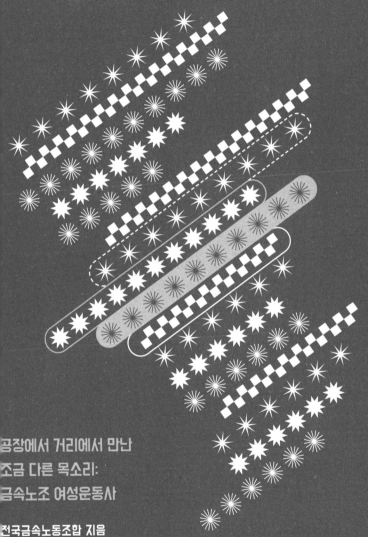

공장에서 거리에서 만난
조금 다른 목소리:
금속노조 여성운동사

전국금속노동조합 지음

나름북스

들어가며

21세기 대한민국을 살아가는 사람들이 좋아하는 드라마는 '복권 당첨'이다. 매주 복권을 사서 지갑에 넣어두면 일주일이 행복하다고들 한다. 오늘날 가장 중요한 가치는 돈이고, 부를 쌓지 못한 사람이나 노동해야만 먹고살 수 있는 사람은 멸시받는 세상이다. 인간보다 돈이 존중받는 사회, 가난과 노동에 대한 혐오와 차별이 대물림되는 사회가 아닌 노동자·민중이 주인 되는 평등한 사회를 만들기 위해 전국금속노동조합(이하 금속노조)이 2001년 2월 8일 출범했다. 그리고 20년 동안 싸웠다.

금속노조 창립 20년을 맞아 여성위원회는 여성 조합원들을 인터뷰해 여성운동사를 정리하기로 했다. 한국에서 여성으로 태어나 노동하고, 노동조합을 만나 인간답게 살기 위해 싸워온 이들의 이야기는 이름을 불러 이야기를 듣는 것으로 시작한다. 무엇을 만드는 공장에 언제 입사해 무슨 일을 하는지가 모든 인터뷰의 첫 번째 질문이었다. 나의 정체성을 노동자로 인지하며 삶을 긍정하는 이들이 있다는 것은 매우 중요하다. 언제 노동조합에 가입했는지, 금속노조에 가입한 뒤 삶이 어떻게 달라졌는지도 질문했다. 어떤 투쟁을 했는지 듣고, 마지막으로 노동조합이 자신에게 어떤 의미인지 물었다.

"아유, 저는 아무것도 몰라요. 우리 지회장님에게 물어보세요."

인터뷰 대상을 섭외하는 일이 가장 어려웠다. 그러나 나는 말도 못 하고 인터뷰할 만큼 훌륭한 사람이 아니라고 손사래 치는 여성 조합원들을 겨우 설득해 카메라 앞에 앉히면, 자기가 어떤 제품을 만드는 공장에 다니고 어떤 공정에서 일하는지는 물론, 노동조합이 없을 때와 있을 때가 어떻게 다른지 시간 가는 줄 모르고 술술 말했다. 노동이 존중받는 세상을 몸과 영혼에 담고 있는 여성들이 이야기하고, 그것을 정리했다.

"천막농성 할 때 재미있었어요. 속 시끄러울 때면 프라이팬에 기름을 두르고 전을 부쳐 먹었죠. 냄새가 좋잖아요. 아이들을 농성장에 데려오면 참 좋아했어요. 놀아주는 이모, 삼촌들이 많으니까요."

자신들의 요구를 관철하기 위해 거리에서 천막농성을 하는 것은 매우 고난도의 투쟁이다. 추우면 추워서 힘들고, 더우면 더워서 힘들다. 정당한 투쟁에 당당하다가도 문득 농성장을 지나치는 수많은 사람의 무관심이 느껴질 때면, 멀쩡한 집 놔 두고 무슨 지지리 궁상인가 싶다. 내 존재가 길바닥에 굴러다 니는 돌멩이처럼 초라하게 느껴져 쓸쓸할 때도 있다. 하지만 우리가 왜 투쟁하는지, 무엇이 우리를 투쟁하게 하는지 밝히 고 싶었다. 신기한 것은 농성투쟁을 경험한 모든 조합원이 처 음에 뭘 먹었는지 얘기하며 웃었다는 점이다. 누구는 날마다 삶아 먹은 국수를, 누구는 시장에서 얻어온 시래기로 끓여 먹 은 국을, 누구는 명절에 찾아온 동지들과 나눠 먹은 떡국을 떠 올렸다. 심지어 농성장에서 먹는 밥은 김치만 있어도 맛있다 며 웃었다. 함께 싸우는 동지들과 음식을 나눠 먹고, 농성장에 아이들을 데려와 함께 돌보는 것이 민주노조 사수, 구조조정 저지, 비정규직 정규직 전환 등의 구호에 담긴, 우리는 존중받 아 마땅한 사람임을 스스로 검증하는 과정이 아니었을까? 정 당한 요구가 외면당할 때 그것을 관철하기 위한 행동이 가장 풍요롭게 나누어지는 공간이자 평등한 세상이 실현되는 해방 된 공간으로 농성장을 기억하고 있는, 그녀들이 진정 옳다.

18만 명의 조합원이 가입된 금속노조에는 약 1만 명(6%)의 여성노동자가 있다.[1] 성비에서 확연히 드러나듯, 금속노조는 남성으로 대표되는 조직이다. 여성들은 남성 중심으로 설계된

---

1   [부록1] 전국금속노동조합 조직 현황 참고.

공장에서 일하고, 남성 간부가 대부분인 노동조합에서 활동한다. 이 책에서는 대표선수를 뽑듯이 특별히 더 훌륭한 사람이 아닌, 지역과 기업노조 여성위원회가 추천한 총 69명의 이야기를 들었다.

프롤로그에서는 권수정이 김진숙을 소개하고, 김진숙이 여성노동자로 살아온 이야기를 한다. 이 책은 그렇게 '언니가 만들어온 길을 따라가는 여성노동자의 이야기'로 구성되어 있다.

1장은 호명이다. 하지만 69명 모두의 이름을 부를 이유가 없었다. 각자의 사연과 개성이 다르지만, 각각의 모양과 색깔이 엮여 커다란 조각보처럼 보이길 바랐다. 그녀들이 아름다운 것은 노동자 그 자체이기 때문 아닐까?

2장은 노동조합을 처음 만나는 순간이다. 가난하고 평범한 여성노동자가 노동조합을 만나 노동자가 된 순간부터 이야기가 시작된다. 금속노조 역사는 20년이지만, 이야기는 2001년부터 시작할 수 없었다. 곧 정년퇴직을 앞둔 1세대 여성노동자들은 1980년대 공장에 입사해 '공순이'라는 멸시를 넘어 1987년 노동자대투쟁을 경험하며, 그 힘으로 금속노조를 세우고 30년 넘게 공장에서 일했다. 1990년대를 지나 밀레니엄 시대에 처음 노동조합을 만난 여성노동자들의 말도 듣고, 공장이라는 생산현장과 노동조합이라는 조직에 대한 생각이 어떻게 변했는지 확인하고 싶었다. 우리가 과연 더 나아진 세상에 살고 있는지 궁금했기 때문이다.

3장은 1987년 노동자대투쟁에 관한 이야기다. 이 경험에서 김진숙의 이야기를 빼놓을 수 없었다. 하지만 그녀가 너무 튀지 않기를 바랐다. 금속노조 여성노동자 중 한 명으로, 많은 조각 중 하나로, 전체 보자기의 한 모퉁이로 족하다고 생각했다. 그러나 여러 대목에서 그녀의 증언은 독보적이었다. 그 이유는 그녀가 말하는 삶에 고스란히 담겼다. 한 여성노동자가 공순이라는 모멸을 넘어 인간임을 증명하기 위해 얼마나 간절하고 애타게 민주노조를 지키며 살아왔는지, 이것이 어째서 당연한 일인지, 그 이유가 3장에 있다. 김진숙은 1987년 노동자대투쟁이 금속노조의 노동자대투쟁이라고 말한다.

4장은 소위 '학출'(학생운동 출신) 여성노동자들의 이야기다. 노동자계급이 되어 더 나은 세상을 만들고 싶었던 그녀들은 여자라 못 한다는 말이 듣기 싫어 더욱 유능해졌다. 현장을 잘 알지도 못하면서 가방끈 길다고 잘난 척한다는 평가를 받을까 봐 더욱 겸손했다. 온통 거친 남성들 속에서 더 거칠게 대응하며 살아남아 누구보다 잘 싸우는 센 언니들이다. 유행처럼 공장으로 갔던 학출들이 1990년대 초 소비에트 붕괴와 함께 썰물처럼 공장을 떠날 때 처음의 신념을 버리지 않고 뚝심

있게 남아 민주노조 운동을 지켜온 이들 또한 금속노조 여성 조합원이다.

5장은 폐업과 구조조정으로 인해 하루아침에 공장에서 쫓겨난 노동자들의 이야기다. 경영진이 공장을 돌리지 않겠다고 결정할 때 노동자의 동의를 받는 것이 상식인 세상이 빨리 오기를 바란다. 또한 법이 노동자들에게 얼마나 가혹한지 눈여겨보면 좋겠다.

6장과 7장은 IMF 외환위기 당시 한국 정부와 자본이 선택한 신자유주의 구조조정이 관철되는 과정이다. 6장은 정리해고를 밀어붙이는 회사에 맞선 노동자들의 투쟁이고, 7장은 신자유주의 구조조정이 관철된 결과 노동 유연화로 간접고용과 특수고용이 일반화된 시대에 비정규직 노동자가 처한 조건과 싸움의 과정이다. 여성노동자들은 여전히 근로기준법조차 지켜지지 않는 세상을 온몸으로 부딪히며 바꿔간다.

8장은 노동조합이 필요한 이유를 말한다. 노동조합이 없는 회사와 노동조합이 있는 회사가 얼마나 다른지 증언하며, 노동조합이 필요한 이유를 드러낸다.

9장과 10장은 국가의 폭력에 대한 증언이다. 9장은 대공분실을 경험한 김진숙의 증언이고, 10장은 대공분실이 사라진 지금 과연 세상이 얼마나 달라졌는지, 시대의 정의를 묻는다.

11장부터 15장까지는 성평등에 대한 이야기다. 자본주의가 가부장제와 만나 일터와 집에서 성별에 따른 차별이 어떻게 구조화됐는지 말한다. 채용할 때부터 직무를 나눠 임금을 차별하고, 남성의 몸이 기본값으로 설계된 공장에서 여성이 어떤 불편함을 겪는지 증언한다. 제조업이 다수인 금속노조에 최근 가입한 LG전자 렌탈가전 방문관리 여성노동자의 이야기는 성별에 따른 차별이 한 사업장에서만 발생하는 것이 아님을 보여준다. 성별에 따라 구분된 산업에서 특수고용 여성노동자들이 어떤 특수한 상황에 내몰려 인권을 침해당하는지 씩씩하게 증언한다.

12장은 반성폭력운동을 만난 여성노동자들의 이야기다. 조직과 노동현장에서 본의 아니게 피해자가 된 여성노동자의 싸움과, 이를 지원하고 연대하는 금속노조에 대해 말한다. 민주노총 투쟁에 앞장서는 금속노조가 반성폭력운동에서도 솔선하는 과정이다. 13장은 금속노조에서 활동하는 여성 간부들의 이야기다. 금속노조 역시 가부장제 안에 있으며, 성별이나 위계에 따른 차별도 있다. 평등한 동지로 서로 존중하는 관계를 맺기 위한 조직적인 성찰이 과제로 남아 있다. 14장은 금속노조 중앙사무처에서 일하는 여성 활동가들의 이야기를 따로 묶었다. 중앙사무처의 실별 소개와, 여성위원회만이 아닌 금속노조가 성인지 감수성을 높이는 사업을 해야 한다는 고민이 담긴 실천을 소개한다. 15장은 결혼과 가정에 대한 이야기다.

16장은 특별한 애정을 담아 금속노조의 미래는 실라와 마디오를 비롯한 이주노동자들에게 있다고 말했고, 17장에선 21세기를 살아가는 여성노동자들이 금속노조에 대해, 자신의 존엄과 행복에 대해 말하며 마무리한다.

개인의 삶의 경험과 역사는 어떻게 구분될까? 거대한 역사 속에 개인의 삶이 있다면, 우리는 어디쯤 있을까? 기록되어야 할 가치가 있는 삶이란 어떤 생김새일까? 우리의 경험이 특별하게 이해되지 않기를 바란다.

이것은 노동자인 자기 존재를 긍정하는 여성들의 이야기, 노동이 존중받는 평등한 세상을 위해 노조를 만들고 싸워온 금속노조 언니들의 이야기다.

2021년 8월

전국금속노동조합 부위원장 권수정

언니가 만들어온 길을 따라
우리가 갑니다

2020년 10월 22일 부산 영도의 함지골수련원에서 금속노조 여성 조합원 수련회가 열렸다. 보통 1년에 한 번인 여성 조합원 수련회를 5월에 이미 했지만, 그해엔 이례적으로 두 번 개최했다. 한진중공업 해고 노동자 김진숙의 복직투쟁을 응원하고 함께하기 위함이었다.

　1986년 해고된 김진숙이 정년을 6개월 앞두고 복직투쟁을 시작했을 때 걱정이 앞섰다. 2018년 암 수술을 한 뒤 투병 중이었기 때문이다. 건강한 사람도 힘든 복직투쟁을 아픈 사람이 기어이 시작했으니 다른 도리가 없었다. 누구라도 내가 선 자리에서 김진숙의 투쟁을 함께할 방법을 찾아야 했다. 수련회 때 30명 남짓 모여서 첫날은 김진숙이 금속노조 후배 여성 노동자에게 해주고 싶은 이야기를 들었고, 다음 날 아침에는 한진중공업 정문에서 출근투쟁을 같이했다.

8월에 수련회를 준비하며 권수정 부위원장이 김진숙을 만나 기획 의도를 설명하고, 평소 궁금했던 점을 물었다.

"왜 김진숙 동지는 민주노총 위원장, 부산본부 본부장이 아니고, 금속노조 위원장도 아닌 지도위원이에요? 권력과 힘이 있는 자리는 다 남자들이 하고, 김진숙 동지는 여자라서 실권이 없는 명예직 지도위원이나 하라는 것처럼 느껴져요." 김진숙이 웃었다.

"나는 한진중공업을 떠나면 죽는 줄 알았어요. 정말 진심으로 복직해야 한다는 생각에 여기를 떠날 수가 없었어요. 그리고 나는 지도위원이 좋아요."

권력과 힘이 있는 자리보다는 내가 선 자리에서 부단히 싸우는 것이 좋다는 것으로 권수정은 이해했지만, 동의하기 싫었다. 김진숙 동지를 위한 최고의 찬사를 금속노조 여성위원회의 이름으로 주고 싶었다.

수련회를 시작하며 권수정은 여성 조합원들에게 김진숙 동지를 어떻게 소개할까 고민하다가 그녀를 처음 만난 날을 떠올렸다.

"김진숙 동지를 처음 만난 건 2004년 가을 대의원대회에서였습니다. 금속노조에 처음으로 보고된 성폭력 사건의 피해자인 저는 2차 가해를 인정하라는 내용의 선전물을 대의원들에게 나눠주고 참관인석에 앉아 있었어요. 그때 김진숙 동지가 다가와 저에게 인사를 했습니다.

- 권수정 동지시죠? 저는 한진중공업 대의원 김진숙입니다. 성폭력 사건 피해자라고 들었어요. 오늘 배포한 선전물도 읽었고…. 괜찮은가 해서요. 이런 경우 피해자들이 많이 힘들어하거든요.

- 제가 잘못한 게 아니니까 그냥… 하고 있어요. 화가 나니까.

- 해고된 지 얼마나 됐어요?

- 작년에 해고됐으니, 이제 2년째네요.

- 2년… 그때가 좀 힘든데, 조금 지나면 또 살아져요. 저는 해고된 지 18년 됐어요.

아! 저는 눈을 동그랗게 뜨고 김진숙 동지를 쳐다봤습니다. '세상에, 2년도 힘들어 죽겠는데 18년을 어떻게 하지? 나는 못 해. 그 전에 복직하든지, 아니면 손 털든지'라는 생각이 들었어요. 그땐 그랬는데, 제가 해고된 지 올해로 18년째입니다. 정말 살아지더라고요.

2020년, 이제 김진숙 동지는 해고된 지 35년입니다. 그리고 정년을 앞두고 복직투쟁을 하고 있습니다. 안아보고 싶고, 손잡고 펑펑 울어보고 싶은 동지입니다. 오늘부터 내일까지 김진숙 동지와 함께하는 프로그램을 마련한 우리 여성위원회의

각오와 자랑스러움이 저 현수막에 있습니다.

'언니가 만들어온 길을 따라 우리가 갑니다.'

자랑스럽게 소개합니다. 김진숙 동지입니다!"

김진숙 동지가 연단으로 나왔다. 바람 불면 훅 날아갈 만큼 마른 몸이 마음에 걸려서 의자를 준비해뒀다. 하지만 미리 강당에 도착한 김진숙이 의자를 보더니 치우라고 했다. 그리고는 1시간이 넘도록 허리를 꼿꼿이 세운 채 어디서도 들어본 적 없는 여성노동자의 삶에 대해 말했다. 이 책에 주제별로 나뉘어 토막토막 실린 김진숙의 이야기는 이날 금속노조 여성 조합원들에게 그녀가 들려준 이야기다. 언니가 만들어온 길을 따라 우리가 간다.

"반갑습니다. 그런데 나 따라오지 마세요. 나 따라와서 어떻게 하려고. 신세나 망치지.

멀리서 와주셔서 정말 고맙고, 내일 새벽 출근길 투쟁도 같이하신다고 들었습니다.

우선, 제가 왜 이렇게 됐는지 얘기하면 좋을 것 같네요. 저는 강화에서 태어났어요. 그때만 해도 강화는 진짜 깡촌이었죠. 저는 18살에 노동자가 됐습니다. 도시에 나가 돈 벌면 정말 폼 나게 살 줄 알았어요. 5년 안에 차도 사고 집도 사고요.

그런 꿈을 꾸며 처음 간 데가 의류 공장이었습니다. 그런데 놀랍게도 그곳에선 기숙사에서의 이름과 공장에서 부르는 이름이 다른 거예요. 왜 그랬을까요? 13살 이하는 취업이 안 되니까 남의 주민등록증을 가지고 취업한 거예요. 다시 말해 기숙사와 공장에서 부르는 이름이 다른 애들은 거의 13살 이하라는 거죠. 그래서 같은 부서에 김영숙이 서너 명 됐어요. 그걸 공장에서 몰랐겠어요? 대부분 한동네 사는 사촌, 오촌 아이들이었는데. 다 묵인한 거지.

여자아이들 대부분이 공장에 와서 첫 생리를 했어요. 그런

김진숙은 1981년 한진중공업에 용접공으로 입사했다.

데 당시 성교육이란 게 고작 '남자들과 한 방에 있을 때는 문을 조금 열어놓아라' 같이 형식적인 거였어요. 생리가 뭔지도 모르는 애들이 수두룩했죠. 저도 잘 몰랐으니까요.

그때는 '곱빼기 철야'라는 걸 했어요. 보통 철야는 새벽 3~4시까지 일하고 아침 7시에 일 시작할 때까지 3~4시간은 자는데, '곱빼기 철야' 땐 잠을 아예 안 자고 계속 일해요. 당시 조장이 '타이밍'이라는 약을 한 알에 15원씩 팔았는데, 그걸 사 먹고 각성상태로 일주일에서 열흘간 계속 일하는 거죠. 미싱에 손가락을 넣고 돌돌 박으면서 바늘이 부러질 때까지 일했다니까요. 그렇게 철야 중에 첫 생리를 시작한 애들이 치마 아래로 피가 흐르는 걸 보고서는 '왜 코피가 아래로 나오지?'라고 했어요. 그야말로 노동 착취였죠. 그런데 그때는 노조가 없어서 그게 불법인지 착취인지 몰랐어요.

그러다가 1981년 한진중공업에 용접공으로 입사했어요. 당시 조합원만 5,000명이었으니까 하청공장까지 합치면 1만 명이 넘었죠. 그런데 여자가 나 하나밖에 없는 거야. 혹시 5,000명 넘는 남자들이 모여서 여자 얘기하는 거 들어봤어요? 얼마나 리얼하고 적나라한지. 그때는 공장에 화장실이 없어서 우리가 용접해 만든 화장실을 썼거든요. 그 화장실에 철판이고 바닥이고 죄다 여자 그림을 그려놔요. 아주 생생하게요. 앉으면 여자 얘기고, 그보다 수준 높은 사람은 야구 얘기고. 제가 한진중공업에 들어가서 제일 먼저 받은 질문이 뭔지 아세요? 여러분들은 상상도 못 할 거예요.

- 진숙이 니는 구멍이 몇 개고?

- 네? 네?

- 나는 아홉 갠데, 니는 몇 개고? 우리 한번 세알라(세어) 볼까?

그 속에서 제가 살아남는 길은 더 센 농담을 하는 거로 생각했어요. 그땐 그런 게 문제가 된다는 생각조차 못 할 때였죠. 그런 얘기를 수도 없이 하니까 너무 듣기 싫어서 담배꽁초를

해고 35년차이던 김진숙은 정년을 6개월 앞둔 2020년 6월 마지막 복직투쟁을 시작했다.

주워 필터로 양쪽 귀를 틀어막았다니까요. 그게 일과의 시작이었어요. 그런데 그런 얘기는 더 잘 들린다? 그죠?"

1.

호명,
그녀의 이름을 부르다

이제껏 한 번도 호명되어 자신의 이야기를 해볼 기회가 없었던 금속노조 여성노동자들이 말한다. 1959년에 태어나 대우자동차에 입사해 34년간 자동차를 만들다가 정년퇴직한 이노이부터 1994년 태어나 현대중공업 사내하청업체에 입사해 용접일을 하는 변주현까지. 시대별 대표성을 굳이 의식하지는 않았지만, 태어난 순서로 배열하여 처음 소개되는 이노이와 마지막 소개되는 변주현은 엄마와 딸이라 해도 좋을 35살 차이가 난다. 이노이가 공장에 들어가 자동차를 만들 때 변주현이 태어났다. 35년 동안 한국의 공장은 무엇이 바뀌었고, 무엇이 같을까? 1985년부터 현재까지 여성노동자들이 어떤 노동을 하고 있는지 들여다보자.

그녀들은 자동차를 조립하고, 배를 용접하고, 식당에서 밥을 하고, 전기 코드를 만들고, 핸드폰을 생산하고, 자동차 램프를 검사하고, 범퍼를 운반한다. 이 중 어떤 노동이 남성의 노동이기에 금속노조의 여성 조합원은 단지 6%일까? 여성노동자들은 모든 일을 할 수 있고, 이미 하고 있다. 이 중 어떤 노동이 부차적인 노동이고, 어떤 노동이 덜 중요하여 여성노동자의 임금은 남성노동자의 55%[2] 수준일까?

어떤 노동이 가치가 없기에 그녀들은 관리자에게 당연하다는 듯 반말을 들어야 할까? 그녀들은 화장실 문짝이 떨어져 덜렁거리고, 식당에는 늘 반찬이 부족하고, 연차를 쓰려면 사유서를 써서 허락받아야 하는 환경에서 일했다. 또 12시간 맞교대 노동을 하며 물량이 쌓이면 밥 먹을 시간도, 화장실 갈 시간도 없었다.

2021년 여성노동자들의 일터는 많이 다른가? 여러분이 일하는 현장은 월차를 마음대로 쓸 수 있는가? 식사시간은 보장되는가? 화장실은 불편 없이 사용할 수 있는가? 관리자들이 존댓말을 쓰는가? 폭언하진 않는가? 어떤 일을 하기에 여성노동자는 천대받는가?

장남의 아내, 대우자동차에서 34년
1959년생 이노이 (한국지엠)

세상을 너무 몰라서 일찍 결혼했어요. 저는 경상북도 왜관 출신으로, 대우전자에서 일하다가 스무 살 때 언니 소개로 컨테

---

2   세계경제포럼WEF, '2021 세계 성 격차 보고서Global gender gap report 2021'.

이너 도장기술자인 남편을 만났죠. 저보다 나이는 훨씬 많았지만, 성실하고 검소해서 좋았어요. 그런데 몇 달 후에 고아인 줄 알았던 남편에게 시동생이 있다는 걸 알게 됐어요. 이미 배 속에 아이도 들어선 터라 이듬해 1월에 서둘러 결혼식을 올렸어요. 그리고 그해 3월 21일에 아들을 낳았고요. 나중에 알고 보니 남편이 8남매 중 장남이더라고요. 완전히 속아서 결혼한 거죠.

신혼살림은 서울 이문동 달동네에서 월세로 시작했어요. 그러다 결혼할 때 친정어머니가 손가락에서 빼주신 3돈짜리 금반지를 팔아 인천 계산동에 전세를 얻었어요. 1979년에 남편이 새한자동차 부평공장에 들어갔는데, 이문동에서 출퇴근하기 힘들다고 했거든요. 그 집에서 5살짜리 시동생이랑 시어머니와 같이 살았어요. 그래서 부부싸움도 놀이터에서 했죠. 그렇게 시동생들 시집장가 보내며 내 청춘이 갔어요.

1985년 27살에 새한자동차에서 이름이 바뀐 대우자동차에 입사했어요. 애들은 시어머님이 봐주시고요. 그해 회사가 직원 아내들 중에서 여성기능직을 20명쯤 특채로 뽑았거든요. 나중에 입사해서 보니까 다들 장남의 아내인 거예요. 회사는 '장남이니까 같이 벌어서 먹고살아라, 장남의 아내는 생활력이 강하다', 뭐 그렇게 생각한 것 같아요.

폼 나는 대학생이 되고 싶었던 여성노동자
1960년생 김진숙(한진중공업)

1986년에 한진중공업 노동조합 대의원으로 출마했어요. 그땐 민주노조나 노동조합이라는 개념이 아예 없을 때였죠. 그해 노조 위원장 선거와 대의원 선거가 같이 있었어요. 3년마다 위원장 선거를 하는데, 늘 여자 얘기만 하던 아저씨들이 그땐 노조 얘기를 하더라고요.

저는 당시 야학에 다니면서 근로기준법을 배우고 있었어요. 대학생이 되고 싶었거든요. 진심으로요. 지금 생각해보면 공부가 하고 싶었던 것 같진 않아요. '대학생'이라는 폼 나는 타이틀이 필요했던 거지. 대학 나오면 공장에서 매 맞고 욕먹는 일은 없을 것 같기도 했고요. 당시 야학은 두 종류가 있었어요. 노동 야학이랑 검정고시 야학. 대학에 가려면 검정고시 야학에 들어가야 하는데, 제가 잘 몰라서 노동 야학에 들어간 거예요. 거기선 영어 단어나 수학 공식 대신 엉뚱하게 전태일이나 근로기준법 얘기만 하더군요. 신고하려고 영도경찰서까지 갔었다니까요. 그런데 그 사람들이 잡혀가면 내게 존댓말 해줄 사람이 아무도 없겠더라고요. 그 사람들한테 존댓말을 난생처음 들어봤거든요.

— 진숙 씨 어서 오세요. 오늘은 어디 다친 데 없어요? 별일

없었고요?

그래서 신고 안 했어요. 지금 생각해도 잘한 일인 것 같아요. 야학에서 배운 근로기준법을 공장 아저씨들에게 얘기해줬어요.

- 근로기준법에는 강제근로를 못 시키게 돼 있어요. 오늘 잔업 하지 말고 집에 갑시다. 노동부에 진정서도 냅시다.

당시엔 기본급이 워낙 형편없어서 잔업이라도 해야 먹고살았거든요. 그러니 아저씨들은 잔업을 1시간이라도 더 하려고 직장[3]에게 술도 대접하고 그랬어요. 그런 사람들한테 이런 얘기가 먹히겠어요? 이전에는 나만 지나가면 얘기하고 싶어서 '진숙아, 이리 와봐라' 하더니, 그때부터는 내가 지나가면 '근로기준법 온다'라며 흩어지더라고요.

그러다 대의원 선거가 다가오자 아저씨들이 제게 그러더군요.

- 진숙이 니는 아는 것도 많고 처자식도 없으니까 대의원으로 나가 봐라.

드디어 저의 진가를 알아보는구나 싶었어요.

---

3   대한조선공사에서 생산직 노동자를 관리하던 현장관리자의 직책. 다른 조선소에는 조장, 반장, 직장이라는 생산직 관리제도가 있으나, 대한조선공사에는 조장, 반장이 없다. 직장은 생산직 노동자가 승진할 수 있는 유일한 관리직책으로, 한진중공업으로 바뀐 지금도 동일하다.

- 여러분의 뜻이 정 그렇다면, 제가 한번 해보겠습니다!

그 말 한마디가 제 인생을 여기까지 데려와 버렸네요.

산더미 같은 동태를 손질하며 허리가 휘던
1960년생 김공자(현대자동차)

1988년 28살에 현대자동차 식당에 입사했어요. 결혼하고 5
년쯤 지났을 땐데, 남편이 많이 아파서 주간에만 일하는 곳으
로 들어간 거죠. 당시 애들 남매랑 시어머니와 같이 살았어요.

"김치 담다 보면 허리가 휘고 몸이 으스러질 것 같았어요." -1960년생 김공자

입사해보니 제가 제일 젊더라고요. 첫 월급이 14만8,000원이었는데, 그땐 엄청 많다고 생각했어요. 다른 회사 월급은 10만 원 안팎이었거든요.

그 시절엔 식당 일이 정말 힘들었어요. 모든 걸 수작업으로 했으니까요. 동태가 메뉴로 나오는 날엔 동태를 산더미처럼 바닥에 부어요. 그걸 일일이 손질해서 토막 냈죠. 당시 제가 일하던 본관 식당에서는 중식만 3,000명이 먹었어요. 고추장, 된장, 김치도 직접 담갔고요. 김치 담다 보면, 허리가 휘고 몸이 으스러질 것 같았어요. 그래서 신입이 들어와도 일주일을 못 버텼죠. 식당 한쪽에 고추 방앗간이 있었는데, 야근하는 사람은 거기서 고추를 빻았어요. 그나마 쉬운 일이라 서로 하려고 줄을 섰죠.

사이렌 소리와 함께 온 무서운 노사분규
1960년생 김순덕(한국KDK)

29살이던 1988년 1월 18일 이 회사에 들어왔어요. 전선이랑 전기 코드를 만드는 곳인데, 그땐 노조가 없었어요. 그러다 3월쯤인가 갑자기 공장에 사이렌이 울리는 거예요. 이게 무슨 소린가 하고 있는데, 관리자들이 얼른 퇴근하라고 하더군요. 그래서 나왔더니 젊은 총각들이 쇠파이프를 들고 정문을 막고 있었어요.

- 다 같이 노사분규를 해야 하니까 집에 가지 마세요.

그 말을 뒤로하고 저는 뒷문 담을 넘어 집으로 갔어요. 다음날 출근해보니 노사분규를 일으킨 사람들 40명 정도가 4층 식당을 점거하고 있더라고요. 회사는 마이크로 그 사람들에게 빨리 내려오라고 하고요. 그런데도 안 내려오고 열흘인가 버텼어요. 용변은 봉지에 담아 밑으로 내리고, 빵이랑 우유는 밑에서 올려주면서요. 그런데 결국 실패했어요. 그때 참여한 사람들은 해고되기도 하고, 회사에 불려가 엄청나게 야단맞기도 했어요. 그래도 그 씨가 남아 있었는지 1년 뒤 1989년 4월에 노동조합이 설립됐어요.

공장 노동자가 되기로 한 대학생
1964년생 최용숙(금속노조 교육국장)

1983년 제5공화국 시절 대학에 다녔는데, 4년 내내 데모한 기억밖에 없어요. 그때 외친 구호는 '군부독재 타도, 민주정부 수립, 광주학살자 처단'이었어요. 학교엔 늘 전투경찰이 있었고요. 지금 생각하면 기가 차지만, 그땐 그게 당연했죠. 그렇게 학생운동 하면서 공장에 들어가기로 다짐했고, 영등포산업선교회에서 노동조합 만드는 걸 지원하다가 현장으로 가게 됐어요. 거기서 노조 만들다가 깨지고, 다시 어용노조 사업장에 들어가서 민주노조를 세우는 투쟁을 했어요. 그렇게 시작한 게 벌써 30년이 넘었네요.

돈 벌어 편안하게 살고 싶어서
1970년생 유흥희(기륭전자)

우리집은 정말 가난했어요. 고등학생이 돼서야 가족이 모여 살게 됐을 정도로요. 멀리서 일하던 엄마는 일주일에 한두 번 집에 오고, 오빠는 기숙사에 살면서 돈 벌고, 아버지는 오래 아프시다가 돌아가셨어요. 그래서 엄마가 평생 고생하셨죠. 병원 갈 돈이 없어서 늘 집에만 누워 계시던 아버지가 피 토하던 모습이 기억에 남아요. 그때부터 무능한 남자는 여자를 고생시킨다고 생각하게 된 것 같아요. 아버지 빚은 엄마와 언니 오빠가 일해서 갚았어요.

가난은 싫다고 어쩔 수 있는 게 아니니까 그냥 익숙해진 것 같아요. 가족이 모여 살면서부터 안정감이 생겼는지 부자가 된 느낌이 들었고요. 언니 오빠는 굶은 적이 많다는데, 저는 그 정도는 아니었으니 부자였던 거죠. 저는 할머니 손에 자라서 늘 엄마가 그리웠어요. 학교 다닐 땐 눈에 안 띄는 학생이었고요. 아무것도 모르고 순진했어요.

김소연 동지는 1987년 정화여상에서 학원민주화투쟁을 같이했어요. 고등학교 졸업 후 노동문화단체에서 활동하다가 인쇄노조에서도 일했는데, 일이 잘 안 맞더라고요. 저는 돈 벌어서 편안하게 살고 싶었거든요. 구로공단에 있는 회사 몇 곳에 다녔는데, 어느 핸드폰 공장에선 핸드폰이 단종된 후로 청소만 하다 해고됐어요. 이후 일자리를 구하려고 파견업체에 연락했더니 가리봉역에서 만나자고 하더군요. 그리고는 봉고차에 저를 태워 기륭전자로 데려갔죠.

　　기륭전자는 해고를 일상적으로 하는 사업장이에요. 앞에선 해고하고, 뒤에선 사람을 뽑았죠. 조회시간에 관리자들이 영원한 정규직도, 영원한 파견직도 없다고 말했어요. 일하고 싶어서 줄 선 사람들이 정문 앞에 수두룩하니 정규직이든 파견직이든 언제든 해고할 수 있다고 협박했죠. 그래서 조반장에게 잘 보이려고 간식도 책상에 쌓아주고, 동료끼리 고자질도 하고 그랬어요. 조반장이 일주일 단위로 해고자 명단을 올렸거든요. 조반장이 해고할 사람 없다고 보고하면, 회사는 '뻣뻣한 사람'이라도 명단에 올리라고 지시했죠.

화장실 문짝이 덜렁거리는 재밌는 회사
1971년생 김지현(코리아에프티)

저는 2014년 코리아에프티에 입사했어요. 그런데 연차를 아예 못 쓰는 거예요. 70년대 회사처럼요.

- 연차를 쓴다고? 돈 많은가 봐. 연차 쓰면 회사가 싫어해.

연차 쓴다고 하면 이런 말을 들어야 했죠. 아무리 아파도 출근해야 하는 분위기였고요. 잔업 못한다고 미리 말해도 사유서를 쓰라고 해요. 정해진 시간 동안 근무했으니 잔업은 내가 하기 싫으면 안 할 수 있는 건데, 참 이상했어요. 병원에 다녀오면 약봉지를 가져오라 하고. 무슨 이런 회사가 다 있나 싶었죠.

심지어 처음엔 화장실 문짝도 없었어요. 화장실에 갔더니 문이 떨어져서 덜렁거리는 거예요. 그런데도 사람들은 아무렇지 않게 볼일을 보더라고요.

- 참 재밌는 회사네. 딱 1년만 채우고 그만두자.

문짝을 붙들고 볼일을 보는데, 너무 기가 막혀서 그렇게 다짐했어요. 인간으로 살면서 굳이 화장실 문도 없는 데서 눈치 보며 살 필요는 없잖아요.

정말 답답할 때는 조반장들에게 밥 사 먹여가며 불만을 얘기했어요.

- 왜 나한테 반말해? 이거 했냐, 저거 했냐, 왜 그런 식으로 말해? 그렇게 반말하면서 관리자 하면 할 만해?

그러면 싸움이 일어나죠. 어디나 힘든 건 마찬가지겠지만, 정말 1년만 다녀야겠다고 생각했어요. 그리고는 2015년 8월, 입사한 지 1년 만에 노동조합이 생겼어요.

화장실 갈 시간도 없는 12시간 맞교대
1976년생 변혜진(금호HT)

저는 2015년에 입사했어요. 자동차에 들어가는 램프를 만드는 회사예요. 여기는 입사할 때부터 남녀 직무가 구분돼 있어요. 남자는 기계를 보고, 여자는 검사를 맡죠. 직원은 500명 정도인데, 남녀가 각각 절반 정도 돼요.

저는 유리관을 성형해 다른 공정으로 넘기는 벌브메이킹 라인에서 일해요. 우리 라인에서 만든 유리관이 다음 라인에 넘겨지면 유리관에 코일을 넣고 조립해 램프를 만들죠. 일은 할 만했지만, 쉬지 않고 일해야 하는 게 힘들었어요. 처음 입사했을 때는 12시간 맞교대를 했는데, 밥 먹고 오면 기계 3대가 생산한 물량이 쌓여 있으니 그걸 따라잡으려면 힘들 수밖에요. 쉬는 시간도 따로 없고, 교대할 사람도 없어서 화장실만 얼른 다녀오곤 했죠. 쉬는 만큼 검사해야 할 물량이 쌓이니까요. 불량이 많이 나오면 밥 먹을 시간도 없었어요.

유리창에 새겨진 빨간 SOS에 응답하다
1977년생 백일자(금속노조 문화국장)

저는 대학 가서 원 없이 놀아보는 게 소원이었어요. 그래서 한 학기 동안 소개팅을 100번이나 했죠. 2학년 때부터는 공부를 해야겠다고 마음먹었지만, 친구가 학생회 활동을 같이하자고 해서 과 학생회장에 출마하게 됐어요. 선배들이 깜짝 놀라더라고요. 하늘하늘한 옷에 하이힐을 신고 다니는 학생이었거든요. 그렇게 혜성처럼 나타나서 전설적인 학생회 간부가 됐어요.

저는 당시 잘 놀고 공부도 잘하고 사회적 의식이 있는, 인기 많은 과 학생회장이었어요. 교수님들도 저를 좋아했고요. 딱 1년만 학생회 활동을 하려 했는데, 이후 단과대 선거에 나가서 또 당선됐어요. 졸업 후 교사가 되려고 시험 준비를 하고 있었는데, 2000년 6월에 롯데호텔노조 파업 현장에 갔다가 문화패 '선언' 동지들의 공연을 보게 됐어요. 당시 롯데호텔 조합원들은 제 또래 젊은 여성들이라 친구처럼 느껴졌어요. 30명의 비정규직 조합원들을 위해 1,000여 명이 투쟁했는데, 고립된 건물 유리창에 빨간 립스틱으로 SOS를 써놨더라고요.

그런데 며칠 후 경찰이 들어가 그들을 폭력적으로 끌고 나왔어요. 정말 큰 충격을 받았죠. '선언' 동지들이 같이 활동하자고 해서 그때부터 집회 때 신시사이저를 연주하게 됐죠.

이후 대우자동차 구조조정 저지 투쟁에 결합해 집회 참여, 가족대책위 활동, 공부방 활동을 했고요. 그때 경찰에게 토끼몰이를 당했는데, 깔려 죽는 거 아닌가 싶더라고요. 연세대학교 앞에서 집회할 때는 전경에게 방패로 찍힐 뻔한 걸 한 남성 동지가 몸으로 막아줬어요. 그가 피 흘리는 걸 보고 세상이 정말 잘못됐다는 생각이 들어서 본격적으로 활동하기 시작했어요.

모자란 반찬을 더 달라고 싸우던 2016년
1989년생 서인애(대륙금속)

저는 외동딸이에요. TDK라는 전자회사에서 8시간씩 3교대로 일했어요. 일은 할 만한데, 군인 출신 관리자가 많아서 저랑 잘 안 맞았어요. 연월차 휴가도 안 쓰고 일만 하다가 2013년 4월 제 생일날 자신에게 해외여행을 선물했죠. 5일 휴가를 내고 필리핀에 갔는데, 너무 좋은 거예요. 그래서 귀국 후 바로 퇴사하고, 두 달간 유럽 10개국을 돌고 한국에 왔다가 100만 원 들고 다시 호주로 갔어요. 그리고 거기서 집이랑 일자리도 구했죠. 처음에는 한국인 사장이 운영하는 스시집에서 시급으로 일했어요. 이후 농장에서 100일 일하고 1년 연장 비자를 받은 뒤 지역을 옮겨다니며 일했죠. 대형 치킨 공장에서 일할 때는 돈을 많이 받았어요. 그런데 해외에서도 한국인 사장이 제일 무서운 것 같아요. 1년 연장 비자를 받을 수 있는 사업장은 임금은 적은데 방세가 비싸요. 임금도 떼이고, 사기도 많이 당했죠.

한국에 돌아온 뒤로는 공황장애가 오는 것 같았어요. 쉬는 날도 없이 매사가 너무 급해서요. 2016년에 입사한 대륙금속은 자동차 범퍼 완성품을 현대자동차에 납품하는 회사예요. 저는 도장 공장에서 일하고요. 노조 조합원은 300명 정도 되고, 여성 조합원은 절반 조금 안 돼요. 정년 앞둔 여성분도 많고요. 그릴 생산 공장도 있는데, 거기는 정규직보다 협력업체 직원이 많아서 조합원이 적어요.

처음 입사해서는 범퍼 운반 작업을 했어요. 도장 후 검사까지 마친 범퍼가 라인에 걸려 있는데, 그걸 행거에서 하나하나 빼서 폴리싱 공정으로 5m 정도 옮겨주는 일이죠. 면접 때는 별로 안 무겁다고 했는데, 현대자동차가 점점 큰 차를 만들다 보니 최근에는 너무 커서 사람이 안 보일 정도예요. 크기도 커지고 흐물거리는 재질로 바뀌어서 작업을 반복하다 보면 손목이나 팔꿈치, 어깨, 허리에 무리가 왔어요. 나중에는 랩 붙이는 일을 하다가 지금은 검사업무를 해요.

입사 당시만 해도 노조가 없었어요.

- 이게 뭐지? 이게 과연 사람한테 시킬 수 있는 일인가?

회사가 너무 이상해서 매일 욕을 입에 달고 살았어요. 시설이 너무 열악하고 노후해서 겨울에는 춥고 여름에는 더워요. 그래서인지 사람들 표정도 어둡고요. 주야 12시간씩 맞교대로 돌면 월요일부터 토요일까지 일하고 일요일은 쉬어야 하는데, 하루도 쉬는 날이 없었죠.

제가 유럽이랑 호주에 3년 있었는데, 거기는 칼같이 법정 근로시간을 지키고 쉬는 시간도 주거든요. 그런데 한국은 그게 안 되는 거예요. 유럽 공장에서 일할 때는 재미있었는데, 여기는 이게 뭔가 싶었어요.

처음에는 정말 많이 싸웠죠. 입사한 지 두 달쯤 됐을 때 왜 쉬는 시간을 안 주느냐고 따졌어요. 솔직히 12시간 일하면서 기다리는 게 쉬는 시간 10분이랑 점심시간 1시간이거든요. 그때만큼이라도 쉬어야 하잖아요.

- 쉬는 시간엔 쉬어야죠. 왜 안 쉬어요? 종일 일하면서 꼴랑 10분 쉬는 것도 못 하게 하면 안 되죠.

그런데 사람들은 일이 밀렸으니 쉬는 시간에도 일해야 한다는 거예요. 이렇게는 못 한다고 했더니 쟤는 왜 저러느냐며 말들이 많았어요. 하루는 반장한테 전화해 항의했어요. 반장은 알겠다고 했는데, 오히려 주변 사람들이 엄청 심각하게 받아들이는 거예요. 이런 말 하는 것 자체를 이상하게 생각하니까 너무 답답하더라고요.

식당에서도 김치 4종류만 나왔어요. 물김치, 배추김치, 깍두기, 무생채 이런 식으로요. 어이가 없었죠. 밥 안 먹고 사인하면 컵라면이나 생수, 종이컵 한 줄로 바꿔줘요. 몇몇 생산 공장에 다녀봤지만, 먹는 데 내 돈을 그렇게 많이 쓴 건 처음이에요. 인터넷 취업카페에 '대륙금속'이라고 치면 '밥이 쓰레기'라고 나올 정도였죠. 인원이 100명이면 120인분은 준비해야 하는데, 늘 모자라게 만들어요. 돈가스 같은 메뉴가 나오는 날은 아예 먹을 수가 없어요.

- 아줌마, 인원에 맞춰 여유 있게 준비해야죠. 맨날 이렇게 반찬이 모자라면 어떡해요. 좀 넉넉히 만들어주세요.

- 계란프라이 하나 구워줄게.

- 그러지 말고 반찬 좀 많이 해주세요.

- 네가 돈 내냐? 네가 돈 내?

그때부터 싸움이 시작됐어요. 아줌마가 식기를 집어던지며 소리를 지르더라고요. 저는 아줌마 가족에게도 이렇게 밥 먹이느냐고 따졌어요.

- 네가 뭔데? 음식 남으면 네가 돈 낼 거야?

- 다른 공장은 음식이 남으면 기부도 하고 그런대요. 사람

숫자는 늘 똑같은데, 모자라게 만들진 말아야죠.

- 내가 오늘 너를 자르고 만다.

- 저 갈 데 많아요. 자르세요.

며칠 후 사무실에서 설문조사를 하더니 식당이 조금 바뀌더라고요. 그래도 평일에 남은 반찬으로 토요일엔 늘 비빔밥이 나왔어요. 먹을 만한 반찬은 매번 모자라고 김치만 있으니 밥 먹기 싫어서 사인하고 라면을 받았는데, 그조차도 유통기한이 2~3일 남은 거예요. 현장 식수대 물도 너무 더러워서 생수를 사 먹었고요.

노동조합이 만들어진 뒤 제일 먼저 식당이 바뀌었죠. 생선도 나오고 반찬 모자라는 일도 없어요. 현장 곳곳에 정수기도 들어와서 이제 물 사 먹을 일은 없어졌어요.

불꽃 튀는 용접이 재밌어요
1994년생 변주현(현대중공업 사내하청 서진이앤지)

2015년 22살에 울산 현대중공업 사내하청업체에 발을 들였어요. 그전에는 고향인 부산에서 고등학교를 졸업하고 네일샵에서 일했고요. 종일 앉아서 일하려니 너무 힘들어서 친구 소개로 울산에 왔어요. 처음 들어간 회사는 특수선 하청업체인 진우산업이에요. 거기서 전선을 꼬아 배선과 연결하는 '결선'이라는 업무를 맡았어요. 조타실에서 방향을 조절하고, 형광등과 전기 콘센트를 연결하는 일도 했죠. 제가 다닐 때는 직원이 200명 정도 됐어요. 막 입사했을 때 직원들이 호구조사를 하더라고요. 내가 몇 살인지, 어디 사는지까지 소문이 쫙 퍼졌어요. 조용히 살고 싶어도 그럴 수가 없어서 좀 불편했어요. 꼭 누가 감시하는 것 같고, 행동도 조심해야 하고요. 남자한테는 안 그러면서 제가 담배 피우면 총무가 안 보이는 데 가서 피우라고도 했어요.

기숙사가 있다고 해서 지원했는데, 막상 이력서 낼 때 물어보니 기숙사가 없다는 거예요. 남자들 기숙사만 있대요. 그래서 석 달간 고시텔에 살면서 한 달에 100만 원씩 보증금을 모아 탈출했어요. 그때는 돈을 많이 번다고 생각했어요. 네일샵에서 일할 때는 초급이 40만 원이었거든요. 여기는 170~200만 원 받으니 많은 거죠.

2019년 2월에는 서진이앤지로 옮겼어요. 용접일이 하고 싶었거든요. 어느 날 꿈에 제가 회색 작업복에 안전모를 쓰고 '용접 아가씨'라고 불리는 거예요. 그래서 용접을 한번 해보자고 다짐했죠. 용접은 자격증도 필요하고 경력을 따지는 데도 많아서 학원에 다니며 아르곤 용접을 배웠어요. 여기 들어와서도 배웠고요. 직원은 60명 정도 되는데, 여자는 저 하나예요.

실제로 용접을 해보니까 불꽃이 튀는 용접은 재미있는데,

리모컨으로 중량물을 들어 옮기는 건 무섭더라고요. 굴착기 크레인 앞부분을 '암대'라고 하는데, 저는 거기 내부 용접을 했어요. 용접한 걸 뚜껑을 닫아 가져다 놓으면, 잘하는 분들이 외관 용접을 해요. 저 같은 초보한테는 안쪽을 시키고, 외관은 선수들이 마무리하는 거죠. 여기 월급도 200만 원 정도로, 진우산업과 별 차이는 없어요. 다만 하고 싶은 일을 하니까 만족하죠. 여기는 건설기계 소속인데, 진우산업이랑은 분위기가 아주 달라요. 용접일이 힘들어서 그런지 형님들도 말수가 적고, 무뚝뚝하지만 호구조사 같은 게 없어서 좋아요. 사내하청이라고 해서 따로 일하는 게 아니라 정규직이랑 섞여서 같이 일하는데, 다들 조용해요. 자기가 맡은 일만 열심히 하면 되니까 좋아요.

2.
웃으며 출근한 사람들이
웃으며 퇴근하는 세상

한국 노동조합 운동은 일제 강점기부터 시작됐다. 일본 제국주의 식민지하에서 근대화하며 시작된 노조운동은 해방과 한국전쟁 이후 자유당 정권의 탄압으로 단절된다. 폭압적인 박정희 정권에서 노조운동이 부활한 1970년대에는 여성노동자들이 운동의 중심이었다. 시골에서 농사짓는 가난한 집에 태어난 여성들이 초등학교를 졸업하고 서울로 올라와 공장 노동자가 되었다. 그녀들이 집에 보낸 돈으로 형제들을 대학까지 보내던 시절, 큰딸은 살림 밑천이라는 말이 자연스럽던 시절이다. 교복 입고 학교 가는 여학생들이 가장 부러웠다고 그녀들은 말한다. 경공업의 여러 사업장에서 빨갱이 소리를 들어가며 노동조합을 만들어 치열하게 싸웠던 여성노동자들의 투쟁은 1980년대 구로동맹파업[4]까지 이어진다. 그다음 장면

---

4   한국전쟁 이후 최초의 노동자 정치투쟁. 1985년 6월 22일 대우어패럴의 임금
　　　인상투쟁이 불법이라며 경찰이 노조 간부 3인을 구속해 구로공단 노동자들
　　　이 지지농성 및 가두투쟁을 전개했다. 6월 24일부터 29일까지 1,400명의 노
　　　동자가 동맹파업을 벌였고, 5개 사업장이 연대투쟁을 하는 등 총 2,500여 명

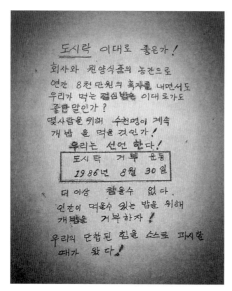

도시락 이대로 좋은가!

회사와 원양식품의 농간으로
연간 8천만원의 흑자를 내면서도
우리가 먹는 점심밥은 이대로가도
좋단 말인가?
몇사람을 위해 수천명이 계속
개밥을 먹을 것인가!
우리는 선언 한다!

도시락 거부 운동
1986년 8월 30일

더 이상 참을수 없다.
인간이 먹을수 있는 밥을 위해
개밥을 거부하자!

우리의 단합된 힘을 스스로 과시할
때가 왔다!

1980년대 노동자들의 투쟁은 '사람답게 살고 싶다'는 구호에서 시작됐다.

이 1987년 노동자대투쟁이다. 이때 대공장 남성노동자들이 역사의 전면에 등장해 '3명만 모이면 노조를 만든다'고 했던 7월, 8월, 9월의 뜨거운 여름을 거치며 노동자계급이 세력으로 등장했다. 1980년대 입사해 공장에서 일하던 금속노조의 1세대 여성노동자들이 처음 노동조합을 만나는 순간이다.

의 노동자가 참여했다. 이 투쟁에 대한 탄압으로 43명 구속, 38명 불구속, 47명 구류, 1,500명에 이르는 대규모 해고가 발생했다.

"이게 사람이 먹는 밥입니까?"

점심시간에 식탁에 올라가 식판을 뒤엎으며 많은 사업장에서 노동조합이 만들어졌다. '공순이', '공돌이'라 불리며 사람대접 못 받던 울분이 멀건 고추장국과 단무지 반찬에 폭발했다. 밥에 콩자반인 양 쥐똥이 섞여 있고, 곰팡이가 핀 빵을 주기도 했다. 노동자들의 밥은 사람이 먹는 밥이 아니라는 증거는 너무나 가까이 있었다. 사무직과 관리자들의 밥이 확연히 달랐기 때문이다.

'이게 사람이 먹는 밥입니까?'라는 말은 '우리도 사람인데 왜 이런 걸 먹어야 합니까?'이자 '우리도 사람답게 살아봅시다'이며, '나도 존중받아 마땅한 인간입니다'라는 뜻이다. 1987년 노동자대투쟁에서 외친 '뭉치면 주인 되고 흩어지면 노예 된다', '사람답게 살고 싶다', '노동해방 앞당기자'라는 구호들은 노동조합을 만들고 회사와 교섭하며 요구안을 쟁취하는 과정에서 삶의 존엄을 확인한 노동자들의 간절한 희망이 담겨 있었다. 그래서 고미경은 노동조합이 생명이라고 아무렇지도 않게 말한다. 대의원에 당선된 스물일곱 김진숙이 어용노조 간부들이 떼먹은 경조사비를 받아내 조합원들에게 돌려준 뒤 어느 날 호루라기 소리에 돌아보니 거기 환한 웃음이 있다. 함께 일하는 5년간 한 번도 본 적 없는 쉰 넘은 아저씨의 웃음이다. '내가 노조 활동하면서 저 아저씨 웃음만큼은 지켜드리자.' 웃으며 출근한 사람들이 웃으며 퇴근하는 세상. 김진숙은 이것이 노동해방이라고 말한다.

몇 년 전 금속노조 신규 조합원에게 노동조합에 가입한 뒤 가장 달라진 게 무엇이냐고 물었다.

"금속노조에 가입한 뒤부터 회사 관리자들이 인사를 받아요." 씩씩하게 대답하고 환히 웃는 조합원의 얼굴을 보며 왈칵 눈물이 났다. 생각해보니 그의 웃음에 노동해방이 있었다.

니가 직장도 아닌데 뭐 한다고 대의원을 하노
1960년생 김진숙(한진중공업)

대의원에 출마한다고 했더니 회사에서 난리가 났어요. 그때까지만 해도 대의원은 관리자들이 했던 거라, 현장 출신 대의원은 한 명도 없었거든요.

- 야, 니가 직장도 아닌데 뭐 한다고 대의원을 하노?

과장님의 첫마디였죠. 안 그래도 5,000명 중에 여성은 나 혼자여서 걸어다니는 화젯거리인데, 대의원으로 나온다니까 다들 웅성웅성하는 거예요. 하루는 과장님이 사무실로 저를 불렀어요.

- 니 뭐 할라고 대의원 나올라 하노?

- 우리 회사에 민주노조를 만들기 위해 출마했습니다.

당시 1986년은 군부 독재정권 시절이었거든요. 제 대답에 관리자들이 일제히 저를 쳐다봤어요. 태어나서 그런 눈빛은 처음 받아봤죠.

- 민주노조?

그 후 관리자들이 화장실까지 따라오고, 일도 못 하게 사무실에 앉혀놓고선 하이바를 쓴 제 머리를 한 대씩 치고 지나가더라고요. 대의원 선거구가 53개쯤 있었는데, 그중 유일하게 경선 붙은 곳이 우리 부서였어요. 다른 선거구는 2명 뽑으면 2명이 출마하고, 1명 뽑으면 1명이 출마하는데, 3명 뽑는 우리 부서만 6명이 출마한 거죠. 그중에서 압도적인 차이로 제가 일등을 했어요. 난생처음 1등을 해봤으니 가문의 영광이죠.

대의원대회에 갔더니 자료집이 동아전과보다 두꺼웠어요. 자기들 비리를 디테일하게 기록해 놓았더라고요. 어용 대의원들이 떼먹은 경조사비요. 살아계신 우리 아버지도 자료집에는 돌아가신 거로 되어 있고요. 그런데 다음 페이지에는 다시 살아나 환갑이라 되어 있었어요. 우리 어머니도 몇 번이나 돌아가셨다가 살아나는 등 집구석이 완전히 귀곡산장이 되어 있더군요.

우리 집만 그런 게 아니라 다른 집들도 그랬어요. 조합원이 5,000명이니까 자식들이 얼마나 많겠어요. 그 수많은 자식 시집·장가를 노조에서 다 보내준 거예요. 돌 지난 아이든 초등학생이든 자녀 결혼식 명목으로 돈을 줬다고 적혀 있었어요. 게다가 조합원들이 다치면 노조에서 위로금을 2만 원씩 주는 조항이 있었어요. 저는 몇 번이나 다쳤지만, 그런 게 있는지도 몰랐거든요. 30년 다닌 아저씨도 모르더라고요. 그런데 제 이름 옆에 위로금 지급 도장이 6번이나 찍혀 있었어요. 당시 기본급이 한 달에 13만6,100원이었는데, 위로금만 12만 원 지급된 거죠. 그래서 전직 대의원 놈들을 찾아다니며 내 돈 내놓으라고 하니까 그때부터 아예 출근을 안 하더라고요. 대체 그 돈을 받아서 어쨌는지 너무 궁금해서 물어봤어요.

 - 본인들이 만든 자료니 거짓이라고는 못할 테고, 돈 떼먹은 거 죄다 어쨌냐?

 - 우리가 다 썼지.

어용들이 그렇게 순진했다니까요. 다음 날부터 그 집 대문 앞에 돗자리를 깔고 가부좌를 틀었어요. 그때는 영도에서 저를 모르는 사람이 아무도 없었어요. 진숙이가 누구 집 앞에 앉아있다니까 동네 아줌마들이 죄다 몰려와 왜 그러느냐고 묻는 거예요. 그러면 민주노조랑 어용노조부터 설명해야 하잖아요. 다 같이 모여서 듣고 가면 좋은데, 이 아줌마 듣고 가면 저 아줌마 오고. 그때는 TV도 없을 때니까 아줌마들이 밥 먹고 나면 아기 업고 와서 계속 물어봤어요. 같은 애기를 수십 번 해야 하니 입도 아프고 귀찮더라고요. 그래서 말 안 해도 다 알 수 있게 대자보를 써야겠다는 생각이 들었어요. 그때만 해도 대자보를 본 적이 없어서 달력을 찢어 뒷장에 "내 돈 내 놔라. 도둑놈아"라고 썼어요. 그랬더니 빚쟁이인 줄 알았는지, 동네 가게 아줌마가 자기네 외상값도 좀 받아 달라 하더라고.

이후 더 좋은 방법을 궁리하다가 머리띠를 하면 어떨까 싶었어요. 지금처럼 빨간 머리띠가 없어서 압박붕대를 맸죠. 폭이 딱 맞아서 자를 필요도 없고, 머리띠로 안성맞춤이더라고요. 빨간색, 파란색, 검은색 매직을 사서 양쪽에 '단결'이라고 쓰고, 가운데는 태극마크까지 그렸어요. 독립투사 같기도 하고 정말 멋있었죠. 그걸 매고 집에서부터 출발하는데, 스스로 얼마나 자랑스럽던지. 당시 영도엔 전부 한진 아저씨들만 있었어요. 그런데 어깨 쫙 펴고 걷는 나를 보고는 아무도 멋있다는 말을 안 하는 거예요.

- 진숙아, 이번엔 머리 다쳤나?

그 말을 듣고 유리에 비친 내 모습을 봤어요. 압박붕대가 늘어나서 '단결'의 'ㄷ'은 뒤에 있고, 'ㄹ'은 저쪽에 있더라고요. 그래서 다음날엔 새 붕대를 잘라 머리에 둘렀어요. 그땐 젊어서인지 힘든지도 몰랐어요. 밤새 그 집 앞에 앉았다가 아침에 출근하고, 퇴근하면 또 그 집 앞에서 버티고.

당시 어용들은 진짜 순진했어요. 결국 그 돈을 주더라니까요. 사표 쓰고 나가면서 받은 퇴직금으로요. 그 돈을 아저씨들한테 나눠주니까 입이 귀에 걸리더라고요. 30년 다닌 아저씨가 노조에서 주는 걸 처음 받아봤대요. 제가 지나가면 다들 손 흔들며 호루라기를 불었어요. 그때 공장에 간이 화장실이 생겼는데, '진숙이를 국회로!'라는 낙서가 있을 정도였어요. 어느 날은 호루라기 소리를 따라 몸을 돌려보니까 저 위에서 쉰 넘은 아저씨가 저를 쳐다보며 웃더라고요. 그 아저씨랑 5년을 같이 일했는데, 그렇게 웃는 걸 처음 봤어요. 그 웃음 하나가 제 가슴에 확 박힌 거예요.

- 다른 건 몰라도 노조 활동하면서 저 아저씨 웃음만큼은 지켜드리자!

노동해방이나 노동자가 인간답게 사는 세상이란 게 거창한 이데올로기는 아니잖아요. 저렇게 웃으면서 출근한 사람들이 저렇게 웃으면서 퇴근하는 세상. 맞지요?

해고 노동자의 죽음을 목격하다
1960년생 김공자(현대자동차)

현대자동차에는 1987년에 노동조합이 생겼어요. 제가 입사했을 땐 노조가 생긴 지 1년쯤 됐을 때라 어수선했어요. 어느 날 본관 정문에 불이 났다고 해서 가보니 온몸에 불이 붙은 사람이 보였어요. 양봉수 열사[5]가 돌아가신 날이었죠. 그때 트라우마가 생겼어요. 심장이 뛰고 잠도 못 자겠더라고요. 양봉수 열사는 해고자였는데, 정문에서 경비가 못 들어가게 막으니 분신한 거예요.

처음엔 계약직으로 들어갔는데, 1989년에 조리사 자격증이 있으면 정규직으로 채용해준다고 해서 자격증을 땄어요. 그리고 이듬해 정규직이 됐고, 현대자동차노조 조합원으로 가입했죠. 당시 입사 동기가 10명이었는데, 식당 조합원은 500명이 넘었어요.

1998년에 정리해고되기 전까지는 노동강도가 너무 셌어요. 30년간 식당에서 일했는데, 지금은 그린푸드로 넘어가서 잘 몰라요.

5   1990년 현대자동차에 입사한 양봉수는 1991년 말 성과분배 요구 투쟁 과정에서 해고되고, 1993년 원직 복직했다. 복직 후 대의원에 당선되어 작업 강도 조정을 위해 지속적으로 노력하는 등 노조 활동에 헌신했다. 1995년에는 신차 투입 과정에서 회사가 합의사항을 일방적으로 어기자 라인을 정지시켜 다시 해고됐다. 1995년 5월 노조 활동을 위해 정문으로 들어가려는 그를 경비들이 폭행하며 막아섰고, 양봉수는 법과 단체협약을 무시하는 회사의 부당노동행위에 항의하며 몸에 시너를 붓고 분신했다(향년 28세).

이게 사람이 먹는 밥입니까?

1962년생 김현미(금속노조 전 부위원장)

1982년 세풍전자에 입사했어요. 여성들이 일하기 좋은 회사라고 소문난 곳이었죠. 제가 일했던 2층에선 비행기 부품을, 3층에선 기아자동차에 납품할 카스테레오를 만들었어요. 2층은 현장이 깨끗했는데, 3층은 먼지가 자욱하고 늘 어수선했어요. 대우도 달라서 2층 노동자들이 상궁이라면, 3층 노동자들은 머슴 같았죠. 회사가 일부러 서로 다른 위치와 처지인 것처럼 관리해서 우리가 모이지 않도록 한 거예요.

2층에서는 솔벤트를 많이 썼는데, 그때는 그게 나쁜지도 몰랐어요. 친구랑 장갑 하나씩 끼고 솔벤트에 제품을 넣었다 뺐다 하며 세척을 했어요. 제가 잘 깜빡깜빡했는데, 그럴 때마다 솔벤트 작업을 해서 그렇다고 변명하곤 했죠.

1987년 8월 29일에 노조를 만들었어요. 처음에는 임금인상이나 연월차휴가 같은 기본적인 요구를 했어요. 덕트 설치나 화장실 휴지 구비 같은 것도 중요한 이슈였고요. 노조가 만들어지고 제가 부위원장이 됐어요. 중식 보고대회 때 식탁에 올라가 선동하는데 심장이 두근두근 뛰는 거예요.

- 이게 사람이 먹는 밥입니까?

그렇게 말하며 식판을 탁 엎으니까 사람들이 환호하더라고요. 노동조합과 함께하자고 말하는데, 누가 제 다리를 꽉 잡더라고요. 제가 다리를 너무 떨어서 쓰러질까 봐 잡아준 거예요.

여자들은 3명을 제외한 전부가 노조에 가입하고, 남자들은 눈치 보면서 가입하지 않았어요. 우리만 그런 게 아니라 기륭전자도 그랬어요. 여자들은 노조에 가입하고, 남자들은 구사대 노릇이나 하잖아요. 구로 쪽 사업장에는 주로 여자들이 많았어요. 아무래도 전자 공장이 많았으니까요. 그런데 이상하게도 여자들이 주도해 노조를 만들면 남자들은 같이하지 않더라고요. 좀 지나면 남자들이 위원장을 하고요. 남자들은 위원장 아니면 구사대를 하죠.

우리 사업장 남자들은 노조엔 가입하지 않았지만, 지지하기는 했어요. 회사가 노조를 없애려고 전 직원 투표를 한 적이 있는데, 아마 이길 거라고 계산한 모양이에요. 그런데 막상 투표함을 열어보니 남자들이 다 노조 편에 선 거예요. 뒤통수를 맞은 거죠. 비조합원들이 노조를 지켜준 셈이에요. 그렇게 저는 부위원장으로 일하다가 그다음엔 6년간 위원장을 맡았어요.

정년퇴직 할 때까지 춤추려고요
1968년생 김혜숙(현대중공업)

1987년 20살에 현대중공업에 입사해 지금까지 전기 관련 일을 하고 있어요. 입사했을 무렵엔 울산에서 데모를 많이 했거든요. 우리 노조도 그때 만들어졌어요. 가장 큰 변화는 시급이 많이 오른 거예요. 제가 받은 첫 시급이 315원이었고, 남자들은 600원이 넘었어요. 고과점수에 따라 상여금도 차등 지급했는데, 노조 생기고 나서는 그런 게 없어졌죠.

어용노조 시절에는 노사상생 한다며 신문에 악수하는 사진도 나오고, 10년간 임금도 동결이었어요. 그래서 조합원들 불만이 많았죠. 그러다가 2015년에 민주노조를 만들었어요.

민주노조가 만들어진 뒤 저도 뭔가 해야겠다는 생각이 들더라고요. 어느 날 남자 셋이 앞에 나와 율동을 하는데, 몸짓패 이름이 '차오름'이었어요. 저는 1990년에 여성부장도 했고, 노래패 활동하면서 전국노동자대회 무대에도 섰거든요. 그래서 몸짓패에 들어가야겠다고 미음먹고 지금까지 하고 있어요. 제가 춤이 좀 맞는 것 같아요.

문화패 활동은 근태 협조가 안 돼서 반차 내고 활동해요. 저는 한번 하면 끝까지 가야 한다고 생각해요. 그래서 정년퇴직할 때까지 할 거예요. 퇴직해도 집회 정도는 참가해야겠죠?

생명 같은 노동조합 창립일 '880614'

1966년생 고미경(앰코)

1985년에 학교 졸업하고 아남반도체에 입사했어요. 노동조합에는 87년에 가입했고요. 아남반도체는 유니시스나 모토로라처럼 삼성과 SK 제품을 후공정 하는 공장이에요. 53년 된 회사고, 후공정 조립 분야에서 세계 1위일 정도로 큰 공장이었어요. 초창기에는 한국노총 사업장이었지만, 학생운동 출신들이 입사해 노동조합을 만들고 민주노조 활동을 많이 했어요.

제가 다니던 성수동 공장에는 전 직원 3,000명 중 생산직 여성이 2,200명 정도 되고, 나머지 800명은 남성이었어요. 3교대로 일했고, 우리가 만든 것들이 TV, 핸드폰, 자동차, 심지어 우

"노조는 생명과도 같잖아요. 그래서 제 생일처럼 그 날짜를 잊지 않아요."
-1966년생 고미경

주선에도 들어간다고 하더라고요. 나사NASA에서 상패를 받은 적도 있어요. 우주선은 부품이 정말 중요하잖아요. 선배들 기술이 좋았던 거죠. 또 반도체는 가전제품이랑 완구에도 들어갔어요. 회사는 늘 불황이라고 하지만, 제가 입사한 뒤로 반도체 공장이 불황이었던 적은 한 번도 없는 것 같아요.

노조를 만들었지만, 얼마 못 갔어요. 회사가 노조를 해산하면 우리 요구를 다 들어준다고 했거든요. 노조가 생기면 회사가 망한다는 말을 95%가 믿었어요. 노조가 있으면 고객사가 물량을 주지 않는다나요. 그땐 저도 그 말을 믿었어요. 우리가 단체행동이나 파업만 안 하면 요구를 다 들어준다더군요. 그래서 지도부가 노조를 포기했죠. 당시 일반직 남성들이 지도부를 맡았는데, 자기들 이익을 챙기고 회사 요구를 들어준 거라는 소문이 돌았어요. 그래서 노조에 대한 불신이 커졌어요.

이후 회사가 근로자경영참가위원회를 만들었어요. 부서별 노사협의회를 선출하는 것처럼 근경위원을 선출했는데, 직접·비밀·무기명 투표니까 노조랑 별 차이가 없다고 생각했죠. 그런 와중에 서울대, 이화여대를 나온 언니들이 공장에 많이 들어왔어요. 이 언니들이 88년 6월 14일 노동조합을 다시 만드는 데 주축이 됐고요. 저는 바로 노조에 가입해 사무장을 맡았어요. 노조는 생명과도 같잖아요. 그래서 제 생일처럼 그 날짜를 잊지 않아요. 제 비밀번호도 늘 880614이고요.

사람들이 노조에 재가입할 당시 가장 큰 불만은 식사 질이었어요. 사무직과 달리 우리는 식은 밥을 주거나 그조차 없으면 즉석식품을 줬어요. 배식 시간도 달랐고요.

- 똑같은 인간인데, 왜 우리한테만 이딴 걸 주나?

그래서 노조를 만들어 바로 개선한 게 사무직과 현장 노동자의 식사 메뉴를 똑같이 한 거예요. 그리고 특근에 대한 불만도 많았어요. 반도체 공장이다 보니 365일 풀가동돼요. 3교대지만, 한 사람이 월차라도 쓰면 12시간 교대로 일해야 하고요. 다 같이 쉬는 날이 없으니 특근을 하면 번갈아 쉬면서 12시간 일해야 하거든요. 그래서 장시간 노동과 휴일 노동에 대한 불만이 컸죠.

그래서 임금인상, 휴일 보장, 기숙사 향상, 단기이익의 3% 복지기금 인상, 라인에 휴식 공간 마련 등을 회사에 요구했어요. 조합원이 30명 있을 때인데, 5월 23일에 총회를 소집하고 비조합원들에게 함께하자며 현장을 돌았어요. 그런데 주간조 끝나고 남은 비조합원이 400명이 넘는 거예요. 그들과 함께 라인을 한 번 더 돌면서 일하고 있는 사람들을 향해 함께하자고 외쳤더니 일을 멈추고 무진복을 벗고 나오더라고요. 그렇게 구름다리를 꽉 채워 나중엔 1,000명이 됐어요. 80% 정도가 참여한 거예요. 힘들어도 몇 년을 버티니까 노조가 살아나는구나 싶어 가슴이 뭉클했어요. 그날 1,500

여 명이 노조에 가입했어요. 그 힘으로 우리 요구를 다 관철했고요. 그때가 제일 행복했어요. 회사가 우리 이야기를 들어주니까 교섭할 때도 자신감이 붙었어요. 아무리 회사가 노조 탈퇴를 종용해도 남은 인원이 300명이 넘었어요. 이후 1991년 다시 파업에 돌입하면서 요구 조건을 더 향상했죠. 제가 위원장이 된 후 노조 간부의 성폭력 사건이 터져서 노조가 와해될 위기에 처했어요.

- 성폭력 가해자를 해고하라! 노조가 깨지는 한이 있어도 공개할 테니 정확하게 처리하라!

그렇게 회사에 요구했지만, 회피하더라고요. 오히려 가해자가 저를 명예훼손으로 고소한다고 해서 마음대로 하라며 대차게 싸우니까 회사가 제안을 해왔어요.

- 조용히 있으면, 업체 하나 차려줄게.

물론 그걸 받을 수는 없죠.

저는 노동조합이 뭔지 알고 싶었어요. 그래서 여기저기 찾아봤지만, 노조에 관한 책이 없는 거예요. 그러다가 아는 언니가 준 광주항쟁 화보를 봤어요. 정말 충격이었어요. 내가 아는 지식이 잘못된 것일 수도 있고, 회사의 말이 다 맞는 게 아니라는 걸 알았죠. 당시 저는 광주민중항쟁이 북한의 짓인 줄 알았는데, 진실을 알고 난 뒤 죄책감이 들었어요. 지금은 회사가 광주로 이전을 했고, 공부하다 보니 사회변혁 운동을 해야겠다는 생각이 들더라고요.

1년 365일 일하는 반도체 공장이라면 이제 말만 들어도 징글징글해요. 제가 그런 데를 30년 넘게 다닌 거예요. 요즘은 비용 아낀다며 인원도 축소하고, 남아 있는 사람들을 다기능화시켜서 1.5배나 더 일해야 하는 경우도 있어요. 노동강도가 엄청나게 세진 거죠.

당당하고 싶은데 눈물부터 나오는 수도꼭지
1968년생 조영미(금속노조 교육국장)

충남 홍성에 있는 고등학교를 졸업했어요. 1989년에 전교조가 생겼는데, 제가 학생 1세대예요. 홍성은 전교조 교사 비율이 높은 지역이었어요. 그러다 신문을 통해 담임선생님의 구속 소식을 듣게 됐어요. 시도 읽어주시고, 사회 정의를 깨우쳐준 분이세요. 다른 선생님들께도 영향을 많이 받았죠. 이후 1987년 대학에 떨어지고 청주에서 대학 다니는 언니네 놀러갔어요. 언니는 날마다 데모하느라 정신이 없더라고요. 학교에 다녀오면 옷에서 늘 최루탄 냄새가 날 정도였어요. 어느 날 언니가 학교로 오라고 해서 갔더니 5·18 광주민주화운동 비디오를 보여주는 거예요. 너무 충격을 받아서 이후부터는 공부가 눈에 안 들어오더라고요. 그러다 아남정공에 입사했어요.

1988년 3월에 입사했는데, 3개월 후에 노조가 만들어졌어요. 임순자 위원장을 비롯한 몇몇이 노조 설립을 준비하면서 성수동의 앰코, 부천의 아남전자, 부평의 아남정공 계열사가 함께 논의했대요. 노사협의회 근로자위원들이 노사협의회는 한계가 있으니 노조를 만들기로 하고, 동시에 노조를 만든 거예요. 그해 6월 7일에 갑자기 식당에 유인물이 뿌려지더니 한 언니가 테이블 위로 올라가 노사협의회 결과가 기만적이라며 노조 설립을 보고했어요. 그때 사람들이 노조에 가입하길래 저도 같이했죠.

이후 회사가 노조 탈퇴를 종용하며 개별 면담을 하더라고요. 그래서 배운 대로 부당노동행위라고 따지니 저를 라인에서 제외하고 열흘이나 회의실에 가뒀어요. 책이랑 신문도 못보게 하며 탈퇴를 종용했지만, 끝까지 버티니까 결국 포기하더라고요.

처음엔 300명 넘게 노조에 가입했는데, 열흘 넘어가니 30명도 안 남았어요. 저는 아무것도 몰랐지만, 언니들이 같이하자고 해서 간부를 맡았어요. 그때 제 별명이 수도꼭지였어요. 노조 간부가 좀 당당해야 하는데, 일이 터지면 눈물부터 나왔거든요. 집에서 귀한 대접만 받다가 부당한 일을 처음 겪어봐서 그런가 봐요. 이제 와 생각해보면, 저는 자존심 때문에 노조운동을 하게 된 것 같아요. 당하기는 싫은데 싸울 줄을 모르니 답답했죠. 당시 정말 잘 싸우는 간부들이 많았어요. 제가 질질 짜고 있으면, 걸리적거리니 빠져 있으라는 소리를 듣기도 했어요.

30여 명에서 조합원이 더 늘진 않았어요. 탈퇴한 사람들이 되돌아오려면, 시간도 오래 걸리고 특별한 계기가 있어야 하겠죠. 10여 년을 소수 조합원 상태를 유지했어요.

저는 정말 공장에 다니기 싫었어요
1968년생 엄희영(금속노조 광주전남지부 광주지역금속지회)

1987년 대우전자 광주공장에 입사했어요. 직원이 3,000명쯤 되는 한국노총 사업장이었어요. 당시는 오디오 사업부가 가장 잘나가는 라인이었고, 저는 데크를 조립했죠.

사실 저는 정말 공장에 다니기 싫었어요. 그런데 아빠가 3년만 다니라고 하더라고요. 여공이나 공순이라 불리는 것도 싫었어요. 정비기사들이 반장이었는데, 여자들을 함부로 대했어요. 우리가 어리다고 더했던 것 같아요. 잔업도 늦게까지 하고, 라인을 타면 쉬는 시간이 10분밖에 없어요. 점심시간이 40분인데, 식당이 멀어서 밥 먹고 오면 쉴 시간도 없고요.

월요일에 출근해 동료 4명과 라인에 앉아 일하면서 주말에 뭘 했는지 얘기하다가 관리자에게 걸린 적이 있어요. 그랬더니 커다란 데크 박스를 가져와 하나씩 들고 서 있으라는 거예요. 당장이라도 박스를 내던지고 싶었는데, 앞에 선 친구가 조금만 참자고 해서 그냥 서 있었던 게 지금도 기억에 남아요. 분위기가 학교와 비슷했죠.

그러다가 87년에 노동자대투쟁이 시작됐어요. 우리도 현장에서 구호를 외치며 어용노조 물러가라고 파업에 돌입했죠. 공장 안 민주광장에서 집회도 하면서 처음으로 노동조합에 대해 알게 됐어요. 그렇게 어용노조를 몰아내고 민주노조를 세웠어요. 한국노총 사업장이지만, 새 집행부는 광주지역노동자협의회와 사업을 같이했어요.

하루는 야학에 다니던 동료가 같이 풍물을 배워보자고 제안했어요. 거기서 문예운동 하는 분들을 만나 북을 배웠죠. 노조를 만나지 않았다면, 아마 25년이나 공장에 다니진 못했을 거예요.

3.

김진숙의 87년,
노동자대투쟁

1987년 6월항쟁은 500만 명의 시민이 일어나 민주주의를 요구한 투쟁이다. 이 투쟁은 박정희 대통령을 시작으로 무려 27년간 지속된 군사독재 정권을 무너뜨리고 대통령 직선제를 쟁취하는 승리로 마무리됐다. 6월항쟁에 이어 터져 나온 노동자대투쟁은 민주노조 건설 투쟁이었다. 경제 개발과 조국의 근대화를 위해 저임금과 열악한 노동조건, 반인권적 노사관계를 감내해온 노동자들의 수십 년의 시간이 들썩였다. 7월부터 9월까지 3개월 동안 3,600건이 넘는 파업이 일어났고, 1,100개가 넘는 노동조합이 설립됐다. 노동조합을 결성할 수 있는 단결의 자유가 헌법에 보장되어 있음에도, 87년 노동자대투쟁 이전까지는 정부가 주도한 대한노총(한국노총의 전신)에서 설립되지 않은 노조는 법적으로 인정하지 않았다. 어용노조 민주화 투쟁이 들불처럼 일어났고, 노동자대투쟁을 계기로 노조 조직이 합법화되었다. 그리고 경공업, 중소기업, 여성 중심이던 노동운동이 중공업, 대기업, 남성 중심으로 바뀌었다.

　87년 노동자대투쟁은 노동자계급이 한국 정치에 등장한 사건이며, 이때부터 노동조건은 회사가 일방적으로 정해 명령하는 것이 아니라 노사가 교섭을 통해 결정할 사항이 되었다. 그러나 기업별노조의 한계를 명백히 깨달은 노동자들은 기업의 울타리를 넘어 초기업적 연대를 확장해갔다. 1988년 8월에는 '노동법개정투쟁본부'를 결성하고, 그 힘으로 1988년 11월 13일 5만여 명이 모여 '제1회 전국노동자대회'를 개최했다. 그리고 1990년 1월 조합원 15만 명의 전국노동조합협의회(이하 전노협)가 출범했다.

전노협 건설은 한국의 계급정치 지형을 근본적으로 바꾸었다. 한국노총이 노동자를 독점적으로 대변하던 시대가 끝나고, 민주노조 운동이 노동자를 대표하는 시대가 된 것이다. 이후 전노협은 1995년 민주노총 건설과 함께 해산했다.

1981년 한진중공업에 입사해 유일한 여성 용접공으로 5,000명의 남성과 일했던 김진숙은 1986년 대의원에 당선되어 어용노조를 민주노조로 바꾸는 과정에서 해고되어 36년째 복직하지 못한 채 해고자로 살고 있다. 경찰서를 들락거리고, 대공분실에 끌려가 고문당하고, 2011년 정리해고에 맞서 85호 크레인에 올라 309일 고공농성을 하며 '희망버스'라는 연대운동의 새 지평을 여는 깃발이 된 그녀는 정년퇴직 직전인 2020년 복직을 요구하며 부산 영도에서 출발해 청와대까지 걸었다.

어떤 경험은 기억으로 남지 않고 존재가 된다. 김진숙의 87년이 그렇다.

노란 난닝구가 부르는 늙은 노동자의 노래
1960년생 김진숙(한진중공업)

6월항쟁이 끝나고 87년 노동자대투쟁이 있었어요. 부산 지역에는 해고 노동자들이 참 많았어요. 저도 이미 해고된 상태였거든요. 그래서 부산대학교에서 모여 회의를 하는데, 아무래도 느낌이 이상했어요. 7월 25일 새벽, 공장에 유인물이 들어간 거예요. 당시는 유인물도 맘대로 못 뿌릴 때인데, 아저씨들이 하이바, 안전화, 도시락 안에 유인물을 5장씩 숨겨서 들어갔어요.

 - 여름 보너스가 안 나오면 오늘부터 제끼자! 식당을 지어줘라!

 이런 내용의 요구가 적혀 있었죠.

 회의하다 말고 해고자 3명이 회사로 갔어요. 택시가 영도대교 바로 앞까지 가다가 더는 못 가겠다고 하더라고요. 왜 그러느냐니까 조선공사에서 데모를 한다는 거예요. 그때는 회사 이름이 대한조선공사였거든. 그래서 영도대교부터 회사까지 뛰었습니다. 거기는 회사 앞길만 막으면 아무도 못 다녀요. 자세히 보니까 아저씨들이 도로를 막고 농성을 하고 있었어요. 남자들은 비장할 때마다 그렇게 웃통을 벗더라고. 그땐 '난닝구'라고 했는데, 구멍이 숭숭 났더라고요. 녹슨 철판 위에서 일하다 보면, 아무리 삶아도 난닝구가 노래집니다. 그 구멍 난 난닝구를 입고 쏟아지는 비를 맞으며 하이바를 벗어들고선 좌에서 우로 손뼉 치며 '멸공의 횃불'을 부르는 거예요. 노동자들 파업하는데 '팔도 사나이', '진짜 사나이'도 불렀다니까요. 그건 양반이죠. '인천의 성냥공장 아가씨'까지 나왔으니까.

남성들이 여성 혐오를 배우는 공식적이고 공개적인 공간은 군대인 것 같아요. 요즘은 초등학생들도 유튜브에서 그런 걸 배우지만요. 어쨌든 그때만 하더라도 군대가 그런 공간이었어요. 그런 노래들만 부르면 아저씨들 화색이 돌았어요. 다른 노래 부를 때랑 분위기가 달라. '인천의 성냥공장 아가씨'는 제가 모르는 노래여서 아저씨들에게 가사를 적어 달라고 했어요. 그랬더니 인천 성냥공장에 불이 났는데, 거기서 일하던 아가씨가 탔다는 거야. 어디도 타고 어디도 타고. 여자 성기와 신체기관이 적나라하게 나오더라고. 당시엔 노동자들이 그런 노래를 부르며 파업했어요. 유일한 노동가요가 양희은의 '늙은 군인의 노래'를 개사한 '늙은 노동자의 노래'였어요. 3절까지 있는데, 꽤 구슬퍼요.

그때 3,000명이 길을 막고 파업한 이유가 유인물에 적힌 내용을 보고 열 받아서였어요. 노조는 어용이어서 다들 도망가 버렸고요. 한 젊은 노동자가 화가 나서 웃통을 벗고 야드[6]를 한 바퀴 돌았대요. 말도 없이 돌았는데 500명이 모이고, 한 바퀴 더 도니까 1,500명이 모이고, 세 바퀴째엔 3,000명이 모인 거예요. 그렇게 모였으니까 뭐라도 해야 하잖아요.

- 노조로 가자!

주동자고 뭐고 아무것도 없었어요. 그냥 그렇게 모여서 노조로 가자고 한 거죠. 회사보다 노조에 대한 불만이 더 클 때였으니까. 노조 사무실이 길 앞에 있었는데, 우리가 도착해보니까 노조 사무실을 아예 가루로 만들어놨더라고. 가루로 만든다는 게 무슨 말인지 그때 알았어요. 처음에 노조 사무실에 먼저 도착한 100여 명이 부수고 나온 거야. 그런데 뒷사람들이 가만히 있겠어요? 가서 부숴야지. 이걸 순서대로 3,000명이 하고 나왔어요. 진짜, 사무실 유리도 분말로 만들어놨어. 그러고 나서 길을 건너는데, 중간에 누가 소리를 지르는 거예요.

- 길을 막읍시다! 그러면 신문에 나와요.

- 그럼 다 같이 앉읍시다!

---

6   조선소를 통틀어 표현하는 말. 조선소 노동자들은 도크(선박 건조 및 수리 시설), 선각공장(선체의 형상을 만드는 공장), 도장공장(배의 겉면에 색을 칠하는 공장), 배관공장(배에 가스나 물 등이 지나가는 관을 설치하는 공장) 등에서 일한다.

이렇게 된 겁니다. 그게 도로 점거 농성이 된 거죠. 길 가운데 택시 한 대가 잡혀 있었는데, 거기가 무대가 됐어요. 노동가요가 없을 때여서 가톨릭단체에서 온 사람이 '늙은 노동자의 노래'를 가르쳐줬어요. 그런데 그 사람도 노래를 잘 몰랐나봐. 한 줄을 빼고 가르쳐준 거예요. 그래서 3,000명 전원이 한 줄을 뺀 채 가사를 외웠어요. 우리끼리 부를 때야 한 줄 더 불러도 되고 덜 불러도 되는데, 문제는 7월부터 9월까지의 87년 노동자대투쟁이 끝난 다음에 생겼어요.

노동자대투쟁 와중에는 하루에도 수십 개씩 노조가 생겼어요. 당시 부산민주시민협의회 상임대표가 노무현 변호사였거든요. 그 사무실이 범내골 로터리에 있었는데, 건물 옥상에서 보면 죄다 보였어요. 백병원노조, 대우정밀노조, 침례병원노조, 한독병원노조, 신동금속노조 등 수백 개의 노조가 10분에 하나씩 만들어졌죠. 노동자대투쟁이 끝난 뒤에는 분위기가 달라졌어요. 부산대학교 운동장에서 3만여 명의 노동자가 처음으로 '노동자'라는 이름을 걸고 연대집회를 했어요. 그때 스탠드를 꽉 채우고 집회하는데, 저절로 눈물이 나더라고. 노동가요가 없을 때니까 집회 한 번 하면 '늙은 노동자의 노래'를 9~10번쯤 불렀어요.

그 노래를 부를 때마다 우리는 다 불렀는데 다른 사람들은 아직도 부르고 있는 거야. 그땐 3절까지 꼬박꼬박 부를 때니까,

우리가 도합 3줄을 빼먹고 부르니 한참을 그냥 앉아 있었지.

- 진숙아, 이거 돌림노래가?

아저씨들이 집회만 끝나면 나한테 이렇게 물었다니까. 노래는 몰라도 투쟁하는 게 정말 신났어요. 노동자들도 진짜 멋있었고요. 집회 신고가 어딨고, 쟁의발생신고가 어딨어. 그냥 나가면 집회지. 창원에서 누가 연행됐다고 하면, 그냥 메인 스위치 내리고 가는 거예요. 창원대로에서 잡혀가던 노조 간부를 닭장차에서 끄집어내기도 하고. 그때 무용담이 정말 많아요.

한번은 공권력이 투입됐어요. 그런데 우리가 집채만 한 철판을 들어 올려서 길 양쪽을 막고 그 가운데서 싸우고 있으니 경찰들이 못 들어오는 거예요. 그 철판은 아무나 못 옮기거든요. 그래서 경찰들이 배를 타고 노 저어서 바다로 왔다니까. 조선공사가 워낙 비인간적인 회사라는 걸 아니까, 영도에 있는 선주들이 아무도 배를 안 빌려준 거예요. 경찰이 노 저어서 오는 게 보이길래 다들 깡통을 막 두드리면서 집으로 갔어요. 그런데 58명이 연행됐다는 거야.

- 아니, 경찰 온다고 연락해서 다들 집에 갔는데, 누가 그런 소리를 해?

기자들에게 확인하니까 맞아. 58명이 잡혔대. 당시 막 지어진 10층짜리 허연 신관 건물이 있었어요. 우리가 지었거든. 그런데 회사는 우리를 거기에 못 들어오게 했어요. 더럽다고. 그래서 현장 노동자들이 그 건물에 한이 맺힌 거야. 파업하는 동안 거기가 해방구가 되니까 다들 들어간 거예요. 한 군데 있었으면 다 같이 도망가면 되는데, 하나는 사장실에 들어가 있고, 하나는 부사장실에 들어가 있고. 경찰이 오니까 안에서 문 잠그고, 그 정신에도 완장은 주워 찬 거야. 경찰서에 가보니까 자기들이 봐도 웃기더래요. 하나는 사장 완장 차고, 하나는 부사장 완장 차고 있어서. 어쨌든 동지들이 연행됐으니 우리는 난리가 났어요. 지금이야 민주노총 위원장이 구속돼도 밥도 먹고 잠도 자죠. 그런데 그때만 해도 동지애로 그런 게 용납 안 되던 시절이에요. 비상대책위원회에서 지침이 내려왔어요.

  - 58명의 동지를 구출하러 가야 하니 완전무장하고 집결하십시오.

그런데 조선소 노동자들은 일하던 채로 나가면 완전무장이에요. 하이바에 시커면 안경 쓰고, 목이 긴 안전화 안에 작업복을 딱 말아 넣고. 누가 시키지도 않았는데 파이프를 하나씩 다 들고 나왔더라고. 나는 태어나서 지금까지 그렇게 예쁜 파이프는 못 봤어요. 파이프를 그라인더로 뻑뻑 갈아서 색동으로 페인트칠하고, 자기 이름도 용접해 새겼더라고. 아니, 경찰한테 뺏기면 어쩌려고 떡하니 이름을 새겼나 몰라.

그러고는 한 블록을 사이에 두고 경찰과 대치했어요. 우린 바짝 열 받아서 기세등등했죠. 그 와중에 무언가 팽 날아가더니 경찰 방패에 꽂혔어요. 자세히 보니까 조선소에 굴러다니는 철판 쪼가리를 별 모양으로 오린 거더라고. 그것도 끄트머리를 다 갈아서. 이건 살상무기잖아요. 너무 놀라서 아저씨들에게 물었어요.

- 이거 어디서 났어요?

아저씨들은 이게 모자랄까 봐 걱정하는 줄 알았나 봐요.

- 걱정 마라. 공장에 열 트럭은 갈아놨다.

3,000명이 온종일 앉아서 파이프랑 그걸 만든 거예요. 그러니 게임이 됩니까? 경찰이 다 도망가버렸지. 그래서 신이 나서 노래를 부르며 영도경찰서까지 갔어요. 사람이 얼마나 많은지, 선두는 경찰서에 도착했는데 뒤에 있는 사람들은 공장에서 출발하지도 못한 상태였어요. 우리가 도착해보니까 이미 58명 전원이 풀려나왔더라고요. 문제는 그때까지도 술이 안 깬 거야. 자기가 사장실에서 잔 건 아는데, 왜 영도경찰서 유치장에서 깨어났는지를 몰라. 그래도 유치장에서 하룻밤 잤으니 두부 한 모씩 다 먹였죠.

그때부터 이건 장난이 아니니 규율을 갖고 투쟁하기로 했어요. 그리고 예비군 중대별로 모여 조를 짜고, 규율을 만들어 돌아가며 경비를 서는 등 정말 재미있게 투쟁했어요. 제일 큰 성과는 당시 노조 간부들이 다 도망가서 민주노조를 만든 거예요.

경찰과 대치할 때마다 꼭 웃통 벗는 사람 하나가 나와요. 그 사람은 십중팔구 해병대 출신이에요. 그때도 해병대 출신 하나가 어김없이 웃통을 딱 벗더니 경찰들한테 말했어요.

- 야, 니들 군번이 몇 번이야?

그러면서 군번줄을 무슨 마패처럼 꺼내 보이며 비키라고 하더라고. 아니, 경찰들이 비킬 군번이야? 그러니까 또 그 자리에 드러누워.

- 아이고, 행님 참으소.

- 두고 보자, 이 새끼들.

옆에서 누군가 말리면, 막 뭐라 하면서 가요. 그 사람이 멋있다고 위원장이 됐다니까. 아무런 조직적인 준비가 없을 때니까. 그렇게 뽑은 위원장이니 뭐가 제대로 되겠어요. 그 사람이 당선되더니 내 전화를 안 받더라고. 진숙이 빨갱이라고.

4.

세상을 뒤엎을 꿈을 안고
현장으로 가다

한국전쟁 이후 단절된 노동조합 운동의 부활 시점은 보통 1970년 노동자 전태일이 분신한 때로 본다. 1960년대 청계천 평화시장에서 봉제공장 재단사로 일했던 전태일이 근로기준법을 준수하라며 자기 몸에 불을 질러 죽음에 이른 사건은, 이후 그의 일기가 공개되면서 이른바 지식인의 양심에 송곳이 되었다. 전태일은 허리조차 펼 수 없는 밀폐된 공간에서 장시간 노동과 저임금, 그리고 폐렴에 시달리는 여성노동자들의 처지를 개선하기 위해 노력했다. 그가 한자투성이의 근로기준법을 독학하다가 "내게 대학생 친구가 한 명이라도 있었다면…" 하고 한탄했다는 일화는 유명하다. 전태일의 부름에 응답하여 전태일의 친구가 되기로 한 대학생들이 노동현장으로 들어가는 흐름이 이때부터 생겼다.

1980년 광주항쟁을 기점으로 대학생들의 학생운동이 보편적으로 확산했다. 그 시절에도 고등학생의 인생 목표는 대학생이었다. 사지선다형 입시경쟁을 치루고 설레는 마음으로 대학생이 되어 동아리에 들어갔더니, 학회에 갔더니, 선배가 오라고 해서 갔더니, 거기서 광주항쟁 영상이나 사진을 보고 충격을 받는다. 그동안 내가 알던 세상과 실제의 세상이 다름을 깨달은 뒤 군사독재라는 잔인한 세상을 바꾸기 위해 학생운동을 하게 됐다는 스토리다. 집회에 참석하고 연행도 됐다가 우리가 사는 세상을 어떻게 바꿀 건지 고민하며 사회주의를 꿈꾸게 된다. 자본주의 사회의 핵심 모순이 임금노동의 착취질서임을 학습하고, 책에만 있는 게 아닌 현존하는 노동자계급이 주인인 나라 소비에트를 동경하며 혁명의 주체를 조직하기 위해 현장으로 들어간다. 세상을 확 뒤집어 너나없이 평등한 아름다운 세상을 만들고 싶었던 것이다. 그리하여 1980년대 말에는 구로공단, 인천, 부천 거리를 걷는 다섯 명 중 한두 명은 학출이라는 말이 회자될 정도로 학출이 많았다.

입을 열면 빨갱이로 몰아 잡아가서 고문하고 죽이던 어둠의 시대에 타는 목마름으로 열망한 민주주의를 위해 역사의 수레바퀴에 몸을 던져 투쟁하고, 심지어 가난하고 천대받는 노동자들의 친구가 되기 위해 현장으로 간다는 스토리는 아름답고 낭만적이다. 가슴 뜨거운 이 청춘들이 가난을 대물림하며 형벌 같은 삶을 견디던 노동자들을 만나 친 사고가 1987년의 노동자대투쟁이다.

1987년 노동자대투쟁은 민주노조 건설 투쟁이자, '공순이', '공돌이'로 불린 노동자들이 나도 존중받아 마땅한 노동자라고 선언한 투쟁이었다. 그리고 이 투쟁의 한 주체가 학출이다.

　그러니 회사 사장들은 학출이 얼마나 싫었겠는가. 어제까지 인사도 안 받고 쌍욕하며 노예처럼 부리던 근로자가 오늘 노동조합을 만들었다며 감히 교섭을 하잔다. 당장 파업으로 중단된 생산을 돌리기 위해 마지못해 합의는 해주면서도 어쩌면 사장들은 이 상황이 도무지 이해가 안 됐을 테다. 반성과 성찰을 배워본 적 없으니 악몽 같은 상황의 원인과 책임이 모두 빨갱이 학출에게 돌려졌다. '학출은 죽어도 안 된다'는 말은 이런 뜻이다. 안타깝게도 많은 사업장에서 회사의 이런 주장이 수용된다. 민주노조 건설 투쟁 과정에서 해고된 노동자들이 노사합의로 복직할 때도 그들은 학출이라는 이유로 복직하지 못했다. 민주노조가 생기고 임금이 인상되고 노동조건이 개선되는 성과를 거뒀지만, 함께 싸우다 해고된 동지에 대한 의리는 지키지 못한 셈이다. 한편 현존하는 사회주의 국가들의 몰락으로 혁명에 대한 낭만적인 전망을 잃은 학출 대부분이 썰물처럼 제 살길을 찾아 떠났을 때 척박한 현장에 남겨진 노동자들은 가방끈 짧아 돌아갈 곳 없는 처지가 문득 초라하고 쓸쓸하게 느껴지지 않았을까? 서로에게 남긴 마음의 상처는 논외로 하더라도, 노동조합은 빨갱이, 학출은 불순 세력이라는 공식이 관철된 점은 아쉽다.

　전태일의 친구들이 그렇게 떠날 때도 남아 있던 우직한 학출들은 노동자의 친구가 되고자 한 게 아니라 노동자가 되고자 했던 사람들이다. 불쌍한 노동자를 도와주는 친구가 아닌 스스로 당당한 노동자가 되고자 평생 노동자로 살아온 학출 노동자였다.

김순덕은 현장의 노동자가 학출을 어떻게 목격하는지에 대해 진술한다. 노사분규가 무서워 도망갔던 그녀가 빨갱이는 왜 무섭지 않았을까? 착한 마음이 정의로운 직관을 만나 김순덕이 된다.

'학출'이라는 이유로 노동자를 해고하는 것은 매우 이상하다. 대학교를 졸업한 사람은 왜 노동자가 되면 안 되는가? 노동자는 가방끈 짧은 못 배운 사람만 해야 한다는 전제 자체가 모욕적이다. 그래서 최윤정이 '내가 학출이고 돈 벌러 왔다'고 당당하게 내지르는 이례적인 모습은 후련하다.

시간이 흘러 엄미야의 진술은, 말하자면 1990년대 말 신세대 학출의 말이다. 이미 사회주의가 몰락한 이후에 학생운동을 시작했고, 1990년대 초는 학생운동 진영에 뜨거운 바람이 식어가던 시기였다. 무엇보다 머나먼 곳 소비에트가 망한 것이 왜 척박한 노동 현실이 여전한 이곳에서 신념이 바뀌는 이유가 되는지 알 수 없다는 그녀의 진술은 경쾌하다. 월급 받아먹고사는 것이 즐거운, 노동현장에 적응하기 어려워 머리 싸매고 눕는 그녀의 꿈 또한 스스로 노동자가 되려고 왔기에 가능하다. 혁명을 기획하고 완수해서가 아닌, 꼬박꼬박 월급 받아 행복하고 소박한 학출이 금속노조로 왔다.

학출은 죽어도 안 돼!
1964년생 최용숙 (금속노조 교육국장)

어플라이드머티어리얼즈코리아AMK에 다닌 지 3년쯤 됐을 때 어용노조를 몰아내고 민주노조를 세웠어요. 하지만 저는 1992년 2월 구정 전날에 해고됐죠. 오전에 작업장 청소를 하다가 불려갔는데, 회사가 징계위를 열더니 해고하더라고요. 복직투쟁은 못했어요. 노조가 첫 교섭에서 학출은 죽어도 안 된다는 회사와 합의한 다음이었거든요.

해고 후엔 노동조합에서 교선부장으로 일했어요. 서울, 춘천, 청주 공장을 돌며 회사와 교섭을 했죠. 교섭이 끝나면 선전물을 만들어 새벽에 출발하는 고속버스에 실어 보냈어요. 1992년 9월부터는 서울지역노동조합협의회에서 일하기 시작했어요. 투쟁 사업장이 생기면 농성 천막에서 남성 동지들과 함께 지냈는데, 여성이라고 이상하게 생각하진 않았어요. 노조운동 초창기라 서로 신뢰관계가 깊었거든요. 밤 11시 전엔 퇴근한 적이 없을 정도로 농성장에 살다시피 한 삶이 10년쯤 되니 몸이 이곳저곳 아프더라고요. 그래서 4개월 정도 쉬다가 금속노조로 오게 됐어요.

원대한 혁명의 꿈을 안고 현장으로

1966년생 임혜숙(평등사회노동교육원 부원장)

저는 66년생 말띠예요. 우리 사회는 말띠 여성이 팔자가 세다고 여기죠. 1988년 학생운동 하다가 졸업을 앞둔 시점에 현장으로 들어갔어요. 세상을 뒤엎자는 원대한 혁명의 꿈이 있었거든요. 구로2공단 다리 옆에 위치한 무노조 사업장이었어요. 당시 노동자대투쟁의 영향으로 구로 지역은 전체적으로 분위기가 좋았어요.

 - 역시 책에서 본 대로 노동자가 세상을 바꾸는 힘이구나. 세상을 바꾸자!

그땐 학출들이 너도나도 공장에 들어가던 시기였어요. 하지만 우리 회사엔 학출이 하나도 없다고 소문났죠. 1987년에 파업하는 사업장들을 지나칠 때면 우리 회사 사람들이 이렇게 말했대요.

 - 우리 회사엔 왜 학출도 없을까?
 - 우리 회사는 너무 힘들어서 학출도 못 들어와.
 - 우리 회사에도 학출이 있었다면, 노조를 만들었을 텐데.

1985년에는 구로동맹파업의 영향으로 분위기가 좋았어요.

이후 저는 학출 신분이 드러나 해고됐어요. 그래도 회사에 씨앗을 남기고 싶었어요. 고민 끝에 점심시간에 제가 이곳에 들어온 이유 등을 외치다가 식당에서 끌려나왔죠. 제가 복직투쟁을 하던 중에 회사가 분위기를 잠재우려고 관리자들 중심의 어용노조를 만들었어요. 출근시간에 정문에 서서 동료들에게 유인물을 나눠주면, 정문 안쪽에서 관리자들이 지키고 있다가 바로 유인물을 수거했죠. 출근시간 이후에는 정문 앞에 앉아 침묵시위를 했어요. 그러면 10시 30분쯤 관리자가 나와 온갖 회유와 협박을 일삼았어요. 그러고는 경찰을 불러 저를 연행하도록 했죠. 그래서 출근투쟁의 끝은 늘 남부경찰서였어요. 정문을 통과해 안으로 들어가는 물량차를 따라 뛰어 들어갔다가 바로 끌려나온 적도 있고요. 그렇게 100일간 복직투쟁을 했어요.

이후 구로의 여러 회사에 다녔어요. 그런데 블랙리스트에 올라서 취직도 잘 안 되고, 들어가도 바로 잘리더라고요. 그래서 청주와 천안의 노동운동 단체에서 활동했는데, 경제적으로 너무 힘들었어요. 겨울에 번개탄 살 돈이 없을 정도였죠. 그리고 서울로 올라와 1993년부터 전노협에서 일했어요.

학출 여성노동자의 머리채를 끌고 올라가던 계단
1960년생 김순덕(한국케이디케이)

1989년 4월에 노동조합을 설립했더니 5월에 회사가 직장폐쇄를 했어요. 사장이 악독했죠. 그래서 57일간 싸웠어요. 노조 만들자마자 직장폐쇄를 하는 바람에 돈이 없어서 아줌마들이 3~4명씩 조를 짜서 대학교에서 부침개와 막걸리를 팔았어요. 그때 서울대, 고려대, 숭실대 학생들이 많이 도와줬어요. 투쟁하는 57일 동안 돈이 없어서 점심엔 매일 국수를 먹었어요. 관리자들이 도망가 숨으면 우리는 귀신같이 찾아내 교섭하자고 했죠. 그렇게 57일 만에 회사와 합의해 노조 간판을 달았어요.

파업할 당시엔 아무것도 무섭지 않았어요. 윤미형이라는 대학 졸업생이 있었는데, 관리자가 그 아가씨를 '빨갱이 년'이라고 쌍욕을 하면서 머리채를 끌고 2층에서 3층으로 올라가는 거예요. 그걸 보니 악이 생기더라고요. 똑똑한 젊은 친구들을 해고하고, 노조 간부들은 감옥에 보내고. 그때 희생당한 사람들이 정말 많아요.

김은숙이라는 여성노동자도 해고됐는데, 이 아가씨가 복직시켜 달라고 날마다 회사 정문 앞으로 왔어요. 하루는 조합원들과 같이 가서 회사 관리자들과 몸싸움을 하기도 했어요. 우리 노조가 구로공단에서 강한 편이었거든요. 이력서에 '한국케이디케이'라고 경력을 쓰면, 다른 회사에 취업이 안 될 정도로요.

　노조 현판식을 한 뒤로 임단협 투쟁을 할 때는 아침마다 행진했어요. 우리는 빨간 머리띠를 두르고 구호를 외치며 공단을 한 바퀴 돌았어요. 그러면 회사는 백골단을 투입해 우리를 닭장차에 태워 난지도나 안산에 버렸어요. 처음에는 작업복만 입고 행진하다가 잡혀가는 바람에 차비가 없어서 돌아오는 길이 무척 고생스러웠죠. 그래서 나중에는 작업복 주머니에 지폐 한 장씩 꼭 넣어놨어요. 그때는 금속노조가 없어서 참 힘들었어요. 허구한 날 남부경찰서에서 살다시피 했으니까요. 사장이 툭하면 우리를 고소해서 숨어다녀야 했고요. 다들 엄청나게 고생했죠.

내가 학출이다!
1968년생 최윤정(금속노조 조직실장)

부천에 있는 몇몇 공장에 다니다가 1990년에 운 좋게 전노협 소속 사업장에 들어갔어요. 직원은 200명 정도였고, 저녁 7시까지 매일 잔업하고 30만 원 정도 받았어요. 낮에 일하고 밤에는 야간학교에 보내줘서 고등학생들이 많이 다녔어요. 작업량이 많다고 학생들을 학교에 안 보내서 회사와 싸웠던 게 생각나네요. 학출이 서너 명 있었는데, 제가 입사한 지 3개월쯤 됐을 때 공장에 소문이 퍼졌어요.

- 언니, 너무 무서워요. 우리 회사에 대학 나온 사람들이 있대요. 노조 만들려고 왔나 봐요. 회사가 다 알고 그 사람들을 자른대요.

이거 큰일 났다 싶어서 학출들이 모여 회의를 했어요. 요즘 말로 커밍아웃을 결정하고, 만약 해고하면 학출이 어떻게 싸우는지 제대로 보여주기로 했어요. 그리고 친한 동료들에게 털어놨어요.

- 우리도 먹고살려고 공장에 취직한 거야. 만약 해고하면 끝장을 볼 테니 걱정하지 마.

결국 회사는 우리를 해고하지 못했어요. 이때부터 노조 활동이 자유로워졌고, 조합원들에게도 편하게 말할 수 있어서 좋았어요. 입사하고 2년쯤 지나서 제가 위원장에 당선됐어요. 지역에서 현장 출신이 아닌 학출이 위원장을 한다고 말이 많았죠. 당시 회사는 상습적으로 임금을 체불했어요. 어느 날 월급이 또 안 나온다는 소문이 퍼져서 사람들이 다 모였어요. 일 안 하고 모여 있으니 머리카락이 허연 전무이사가 나오더라고요. 아무 말도 못하고 그냥 서 있길래 제가 물었죠.

- 도대체 월급을 언제 줄 건데요? 매번 이렇게 체불하면 안 되죠.

그게 사람들 눈에 띄었나 봐요. 그때가 26살이었어요. 현장에선 나이가 많은 편이라 위원장을 하게 된 거예요. 제가 위원장이 된 후로는 임금이 체불되면 라인을 멈춰 세웠어요. 그렇게 해야 언제까지 임금을 주겠다는 약속을 받았거든요.

매일이 투쟁이었죠. 회사는 오전, 오후 휴식시간 10분씩 외에는 화장실도 못 가게 했어요. 200여 명의 여성이 3칸짜리 화장실을 10분 동안 다녀오는 건 불가능했어요. 그래서 노조 회의 때 이 문제를 논의했어요. 화장실 줄서기 투쟁을 하자, 화장실에 못 가게 하면 생리대를 관리자 얼굴에 던지자, 현장에서 용변을 보자 등 노조에서 이런 결정을 했다는 게 소문난 뒤론 조금 자유로워졌죠.

현장은 겨울에는 춥고 여름에는 더워요. 그래서 생산과에 쫓아다니며 에어컨이나 온풍기를 틀어달라고 요구했어요. 또 잔업을 공정하게 분배하라는 등 날마다 회사와 싸웠어요. 어느 날 회사가 노조 사무실 앞에 벽돌과 모래, 시멘트 등을 쌓아놨어요. 노조 사무실 통로에 벽을 세우고 출입문을 공장 밖으로 낸다는 거예요. 조합원들의 노조 사무실 출입을 막기 위해서요. 어이가 없었죠. 그래서 바로 파업에 돌입하고 노조 사무실에서 현장 3층까지 모래와 벽돌을 줄 서서 날랐어요. 결국 회사는 공사를 포기했어요.

단합이 잘돼야 하는데, 노조 창립 멤버였던 고참들이 노조 활동에 소극적이었어요. 그들은 회사 사정을 잘 알아서 노조에 중요했어요.

- 노조를 만든 이에게 감사를, 노조를 지키는 이에게 격려를!

이렇게 슬로건을 만들어 크게 붙였더니 고참 언니들이 참 좋아하더라고요. 이후 정보도 많이 알려주고, 조합 분위기도 나아졌어요. 매월 2시간씩 정해진 조합원 교육 시간에는 '노동자란?'부터 '노동자 정치세력화'까지 총 12회의 주제를 잡아 1년간 진행했어요. 그때가 공부를 제일 많이 한 것 같아요. 노조 전임인 저와 사무장은 열심히 현장 순회를 했어요. 조합원들이 잔업이나 특근을 할 때도 늘 현장에 같이 있었고요. 그리고 노조 사무실 1일 1회 방문을 독려하고, 일이 바빠 은행에 못 가는 조합원들을 위해 매주 목요일에 은행 업무를 대신 해줬어요. 사무장이 고생 많았죠. 저희는 조합원에게 도움이 되는 노동조합, 투쟁하는 노동조합, 그리고 궁극적으로 노동해방을 꿈꾸는 노동자가 되고 싶었어요.

꼬박꼬박 월급 받아 행복했어요!
1974년생 엄미야(금속노조 경기지부 부지부장)

학생운동 정리하고, 1999년 26살에 안산 반월공단에 있는 삼남전자에 취업했어요. 직원 200여 명에 조합원이 150여 명 되는 회사예요. 대다수 조합원이 미혼 여성이어서 지회장이나 간부도 주로 여성이 맡았죠.

처음 입사했을 때 뭐든 잘하고 싶은데 스스로 일을 너무 못 하는 거예요. 그 나이에 처음 일을 배우니 잘할 리가 없잖아요. 주야 맞교대 사업장인데, 야간에 일해본 적도 없었고요. 저는 9시면 자야 하는 사람이어서 야간에 일하는 게 너무 힘들었어요. 그래서 1년간 왕따를 당했죠. 현장에서 발언력을 가지려면 무조건 일을 잘해야 한다는 걸 몰랐던 거예요. 일도 못 하고, 야간작업 때는 졸면서 불량이나 내고, 건수만 있으면 술 마시러 다니니까 젊은 사람들이 저를 너무 싫어했어요. 몸도 마음도 힘들어서 이틀 동안 무단결근을 했죠.

- 노동운동이고 뭐고 다 때려치우자.

그런 마음으로 반지하방에서 내내 자다가 겨우 일어나 출근했어요. 그런데 한 달을 채우지도 않았는데, 월급으로 90만 원을 받은 거예요. 그 돈이 너무 좋았어요. 힘이 났죠. 그렇게 1년을 버티니 일이 점점 손에 익어서 마침내 품질 관리 업무를 맡게 됐어요. 일에 여유가 생기니까 노조 대의원이랑 사무장까지 하게 됐고요.

당시 반도체가 호황이어서 회사와 교섭하면 노조 요구안이 전부 수용됐어요. 저는 꼬박꼬박 월급 받는 게 너무 행복했죠.

돈을 모아 경차도 샀어요. 반지하에서 3층으로 이사한 것도 좋았고, 정말 제 인생의 황금기였어요. 그러다가 결혼한 후로 고난이 시작됐죠.

5.

공장을 돌리지 않으려거든
노동자의 허락을 받으라

1970년 제정된 '수출자유지역설치법'에 따라 1971년 12월 18일 첫 번째 수출자유지역 마산에 표준공장이 준공됐다. 정부는 한국 땅에 세금으로 '표준공장'을 지어서 외국 기업에 무상으로 임대하는 방식으로 해외기업을 유치했다. 1만4,000여 명의 노동자가 60원의 중식비와 월급 1만7,000원을 받으며 일했다.[7] 저임금, 장시간 노동, 야간노동에 시달리던 노동자들의 고통을 발판으로 이곳은 1975년부터 1980년까지 평균 수출 규모 739만 달러에 이르는 공단으로 성장했다. 1985년까지 마산수출자유지역은 노동조합 설립이 허용되지 않았다. 즉 중식비와 월급을 올려달라는 요구가 불가능했고, 시키는 대로 장시간 노동을 감당해야 했다. 표준공장과 함께 회사가 시키는 대로 일해야 할 의무는 있되 권리는 없는 노동자들을 박정희 정권이 외국 자본에 무상으로 임대한 셈이다. 우리는 이런 지

---

7   KBS, "마산수출자유지역이 벌써 50년? 이곳의 시작과 현재!", https://www.youtube.com/watch?v=_eF6yqLP0NA

위의 노동자를 노예라 부른다. 예나 지금이나 권력자들은 여전히 기만적이다. 노예노동 허가지역을 수출자유지역이라 명명했으니 말이다.

노동조합 설립이 허용되고 때마침 1987년 노동자대투쟁의 시기가 도래하여 사업장마다 파업을 하고 민주노조 건설의 바람이 불었다. 노동자들은 임금인상과 노동조건 개선을 요구했다. 얼마나 심장이 뛰고 신바람 났을까? 이제 노동자들은 임금이 인상되고 노동시간이 단축된 공장에서 살맛나게 일할 줄 알았다. 하지만 외국 기업들은 폐업한 뒤 철수해 버렸다. 노예노동의 맛을 본 자본이 정당한 대가를 치르며 기업을 운영하기 싫었던 것이다. 하루아침에 일자리를 잃은 노동자들은 이제 어떻게 해야 할까? 염치라는 게 있다면, 정부가 이들의 안정된 일자리를 책임졌어야 했다. 그러나 예나 지금이나 책임져야 하는 순간만 되면 정부는 손 놓고 모르쇠다.

이에 생존권을 요구하던 노동자들이 당연히 투쟁했고, 그중 한국수미다전기 노동자들이 있었다. 1989년 한국수미다전기가 전 직원을 해고하고 철수하자, 노동자들은 일본 본사로 쫓아가 200일간 투쟁하며 본사로부터 사과를 받아내고, 퇴직금과 생존자금으로 총 7억5,000만 원을 받기로 합의하고 돌아왔다. 한국산연 조합원들은 같은 지역에서 이 투쟁을 목격했다.

김은형은 1996년 일본 산켄 자본이 처음으로 폐업과 철수를 통보한 이후 지금까지 4번째 철수 저지 투쟁을 하고 있다. 무려 25년이다. 삼성과 LG의 텔레비전이나 컴퓨터 백라이트를 전부 한국산연이 생산했다. 물량이 없는 것도, 회사가 망한 것도 아니다. 더는 노예처럼 부려먹을 수 없으니 민주노조 있는 곳에선 공장을 운영하지 않겠다는 산켄 자본의 오만을 노동자들이 꿰뚫어보고 25년째 싸우고 있다. 그들은 '공장을 돌리지 않으려거든 내 허락을 받으라'고 한다. 노동자는 노예가 아닌 생산의 주인임을 검증하는 한국산연 김은형의 25년이다.

과거와 현재, 그리고 미래가 있는 곳
1970년생 김은형(한국산연)

1990년 한국산연에 입사해 32년째 다니고 있어요. 텔레비전이나 컴퓨터의 백라이트를 주로 만들어요. 삼성과 LG의 백라이트는 전부 우리가 생산했죠. 창원수출자유지역에는 일본계 기업이 80% 이상 돼요. 박정희 정권 때 외화벌이를 위해 일본 기업에 무상임대를 약속한 땅이거든요. 공장이나 세금 등 혜택이 많아서 기술만 가지고 오면 쉽게 공장을 운영할 수 있었어요. 처음에는 노동조합을 만들 수 없었는데, 87년 노동자대투쟁이 일어나면서 곳곳에서 노조가 만들어졌어요. 그때 일본 기업들이 철수를 했죠. 이에

1989년부터 여성들이 일본 원정투쟁을 벌이기도 했어요. 1990년에 막 입사했을 때는 '민주노조 하면 철수한다', '여자가 위원장 하면 철수한다'라는 말들이 있었어요. 남성은 관리자, 여성은 생산직이었고요. 그러니 여성이 위원장이라는 건 관리자 중심이 아닌 현장 중심이라는 뜻이고, 동시에 민주노조가 건설됐다는 의미였죠.

입사 당시엔 한국노총 소속이어서 노동조합이 있으나 마나였어요. 지각이나 조퇴도 불가능했고요. 지각하면 강제로 전환배치를 했거든요. 휴가도 쓸 수 없고, 관리자에게 의견을 말하는 건 상상도 못 했죠. 목표 물량을 못 채우면 그 사람만 남아서 잔업을 해야 했어요. 일본 본사 관리자들이 출장 오면, 술 접대를 시키기도 했어요. 당시는 여사원 얼굴 보고 뽑는다는 얘기가 돌던 시절이에요. 성희롱은 기본이죠. 우리 회사도 남성 관리자들이 술 마실 때 여성들을 무릎 위에 앉힌다는 등 온갖 소문이 파다했어요.

1995년 제가 위원장이 됐더니 소문대로 회사가 자본을 철수하겠다고 선언하더라고요. 그때 시작한 철수 저지 투쟁을 25년이 지난 지금까지 4번째 하고 있어요.

제가 위원장에 당선되고는 매달 조합원 교육을 했어요. 1년 넘게 조합원 간담회를 한 뒤 회사에 임산부 라인과 수유 라인을 요구했죠. 여성 조합원들의 요구가 컸고, 남성 조합원들도 동의해서 투쟁을 통해 얻어냈어요. 임산부 라인은 1시간 늦게 출근해 1시간 일찍 퇴근해요. 수유 라인은 아이와 함께 출근해 사내 탁아소에 맡겼다가 오전, 오후에 30분씩 아이를 돌볼 수 있고요. 조합원들은 아이를 낳아도 걱정 없이 회사에 다닐 수 있게 됐다며 정말 좋아했어요. 노조에 대한 신뢰도 깊어졌고요.

1996년 무렵이었는데, 이때쯤 한국산연 일본 본사가 한국에서의 철수를 결정했어요. 민주노총을 탈퇴하라고 요구하면서 교섭조차 나오지 않더라고요. 그래서 110여 명의 조합원이 투쟁하기 시작했어요.

- 마지막까지 가보자! 왜 우리가 먼저 항복해야 하지? 투쟁의 끝을 보자! 공장이 없어지더라도 마지막 정리는 같이하자.

투쟁하는 동안 전체 공장을 점거하고, 식당에서 밥도 해 먹었어요. 회사는 마지막 폐업 절차를 밟으면서 공장에서 나가지 않으면 문을 폐쇄하겠다고 했어요. 우리가 안 나가고 버티니까 문을 봉쇄해 식당에 감금해버렸죠. 이 상황이 지역 언론에 보도되어 지역의 모든 노동조합이 몰려와 연대했어요. 대우조선노조는 배를 끌고 여기까지 왔고요. 당시 우리 조합원들이 폭행도 많이 당하니까 지역 동지들이 출근 선전전도 같이해줬어요. 결국 1년 3개월 만에 승리하고 일본 본사가 한국 거점을 유지하기로 결정했죠. 이후에는 신입사원을 400명 넘게 뽑으면서 정상적으로 운영됐어요.

2007년에 다시 회사가 구조조정을 하면서 3개 사업부를 철수하고 희망퇴직을 받았어요. 마산 지역에는 일본 기업이 많이 들어와 있었어요. 이곳의 여성노동자 대다수가 1989년부터 원정투쟁을 해왔고요. 그래서 일본 자본에 맞서 싸우기 위해서는 일본에 가야 한다는 생각이 자연스러웠죠. 2007년에는 8개월 동안 일본에서 일본 동지들과 함께 싸웠고, 이때도 결국 우리가 이겼어요.

2016년 또 일본 본사가 생산부문 철회를 결정하고 생산직 사원 전원을 정리해고했어요. 그래서 16명 남은 조합원들이 마지막까지 싸워보자고 결의했죠. 공장 앞에서 천막농성을 하고 다시 일본으로 가서 일본 시민, 노동자들과 함께 투쟁했어요. 12월에 지방노동위원회가 부당해고로 판결하면서 원직복직과 그동안의 임금을 지급하라는 명령이 떨어졌어요. 회사가 이에 불복해 중앙노동위원회에 재심을 청구했지만, 2017년 4월에 중앙노동위원회도 같은 결정을 내렸고요. 이후 2017년 6월 해고된 지 246일, 천막농성한 지 269일, 일본 원정 투쟁한 지 229일 만에 회사와 합의했어요.

합의서 내용에 정리해고 철회, 16명 전원 복직, 단체협약 유지가 들어갔고, 특히 앞으로 중대한 고용문제가 발생하면 노동조합과 합의한다는 걸 명문화한 게 중요하죠.

일본에서 우리와 함께해준 분들께 왜 그렇게 헌신적으로 연대하는지 물어본 적이 있어요. 우리가 일본에 가 있는 229일 동안 산켄 본사 앞에서 피케팅을 하든, 거리 선전전을 하든 늘 함께했거든요. 일본 시민들 도움으로 숙식도 해결했고요. 남의 나라 노동자들의 싸움에 그렇게 적극적으로 함께하는 이유가 궁금했어요.

- 일본은 군국주의를 통해 아시아 민중을 탄압했습니다. 우리가 그 자손들이니 핏값과 죗값이 있지요. 그래서 연대하는 것이 당연합니다. 일본의 역사가 한국 및 중국과 이어져 있기에 한국 민중과의 연대투쟁은 일본의 역사를 바로잡는 투쟁입니다.

- 저는 마르크스주의자입니다. 노동자는 국제적인 연대투쟁을 해야 하지요. 일본 기업이 다른 나라 노동자에게 못된 짓을 한다면, 반드시 연대해 투쟁하는 것이 진보운동을 하는 제 몫입니다.

우리가 승리해 투쟁이 마무리되자, 일본 동지들이 우리 못지않게 기뻐했어요.

- 일본에서 30년 동안 정리해고 투쟁을 하면서 이겨서 복직한 사람을 본 건 처음입니다. 한국산연이 이긴 건 우리가 이긴 겁니다.

우리와 연대한 일본 동지들은 한국말을 워낙 잘해요. 저는

남의 나라 노동자 싸움을 왜 돕느냐는 김은형의 질문에 일본 노동자들은 "한국 민중과의 연대투쟁이 곧 일본의 역사를 바로잡는 투쟁"이라고 답했다.

일본어를 하나도 못 하지만요.

2020년 7월 16일 고용안정위원회에서 합의한 지 3년 만에 한국산연이 '누적 손실로 인한 경영 악화'를 이유로 다시 폐업을 공지했어요. 2017년 6월에 합의할 때 중대한 고용문제가 발생하면 노동조합과 합의 후 진행하기로 했잖아요. 그런데 이번에도 회사는 일방적으로 공지한 거죠. 이번에도 우리는 공장 앞 천막농성을 시작으로 폐업 철회, 생존권 보장 투쟁을 시작했어요. 회사는 거짓말을 하는 거예요. 일본 산켄전기가 누적 손실 583억 원을 주장하지만, 2018년 ㈜EK를 인수하고 흑자를 내고 있었어요. 이번에도 위장폐업이라고 생각해요. 한국 정부가 외국 기업에 세금 혜택과 부지, 현금 지원을 비롯해 막대한 인센티브를 주거든요. 그러니 혜택만 누리고 쉽게 철수하는 거죠. 정부가 외국 기업에 준 혜택은 다 대한민국 국민이 낸 세금으로 주는 겁니다. 그렇게 알맹이만 빼먹고 노동자들에 대한 책임도 지지 않고 손 털고 나가는데, 한국 정부는 아무것도 하는 게 없어요.

회사가 처음 자본 철수를 발표한 게 1996년입니다. 정말로 회사가 어려워서 폐업하고 철수하는 게 아니에요. 여성이 노동조합 위원장이 되고 민주노조를 만드니까 자본을 철수한다는 거죠. 민주노조가 뭘까요? 우리는 민주노조를 통해 뭘 하려 한 걸까요? 우리는 회사를 망하게 하려고 민주노조 하는 게 아니거든요. 노동자가 일하면서 임산부 라인, 수유 라인 등 더 나은 노동조건을 요구하면, 단체협상을 통해 합의하며 회사를 운영하면 돼요. 산켄전기는 그게 싫은 거예요. 노동자와 대화하는 게 싫고, 요구를 들어주는 게 싫은 거죠. 그래서 잘나가는 회사를 폐업하고 철수한다고 쉽게 결정해요. 그러면 거기서 일하던 노동자들은 어떻게 하면 되나요? 우리는 그걸 동의할 수 없다는 겁니다.

25년 동안 일자리를 지키는 투쟁을 네 번째 하고 있어요. 저는 산켄전기가 우리의 존엄과 노동자로서의 권리를 빼앗았다고 생각해요. 폐업 철회하고 우리 일자리를 달라는 건 당연한 요구입니다. 투쟁하는 건 하나도 안 힘들어요. 하면 돼요. 그런데 가끔 연대하는 동지들이 돈 받고 합의하라고 말할 때가 있어요. 우리는 돈 몇 푼 더 받자고 싸우는 게 아니에요. 동지들이 그런 말 하면 참 속상해요. 저는 한국산연에 32년 다녔어요. 조합원들과 함께 일하고 싸우며 지켜낸 일터입니다. 내 인생 최고의 많은 추억과 현재가 여기 있어요. 미래도 여기 있고요. 당연히 폐업 철회, 이번에도 가능하다고 생각해요.

*

직장폐쇄는 한마디로 회사의 파업이다. '노동조합 및 노동관계조정법'(이하 노조법) 제2조 6항에 '파업·태업·직장폐쇄 기타 노무관계 당사자가 그 주장을 관철할 목적으로 행하는 행위와 이에 대항하는 행위로서 업무의 정상적인 운영을 저해하는 행위'를 쟁의행위라고 규정한다.

헌법은 한 나라의 운영 원리를 정하고 국민의 기본권을 밝혀 놓은 최고법이다. 한국의 헌법이 노동삼권, 즉 단결권, 단체교섭권, 단체행동권을 노동자에게 보장하는 이유는 노동자가 사용자보다 힘이 약하다고 전제하기 때문이다. 회사가 노동자보다 힘이 세다는 말은 돈이 많다는 뜻이다. 노동자는 임금을 받지 않으면 먹고살 수 없는 사람들이다. 회사가 힘이 세다는 이유로 마음대로 횡포를 부려선 안 되고, 힘없는 노동자들을 존중하며 교섭을 통해 합의하라는 뜻이 노동삼권에 담겨 있다. 강자와 대등하게 대화할 힘을 헌법이 약자에게 준 것이다. 헌법에는 회사의 직장폐쇄권 따위는 없다. 강자인 회사는 굳이 파업하지 않아도 사용할 방법이 많기 때문이다. 그런데 하위법이 최상위 헌법을 비웃듯이, 노조법에 떡하니 회사의 파업권이 들어가 있다. 문제는 여기서 그치지 않는다.

백번 양보해 노동자가 파업하니 사용자에게 직장폐쇄권을 준다고 치자. 노동자의 파업권은 일하지 않을 권리만 인정한다. 여기에는 회사 사장과 관리자를 내쫓고 정문을 걸어 잠글 권리가 포함되어 있지 않다. 노사에 대등한 권한을 주려면, 회사가 직장폐쇄를 할 때도 라인을 돌리지 않는 것만 인정해야 한다. 그런데 왜 회사의 직장폐쇄에 대해선 노동자들을 공장에서 내쫓고 공장에 못 들어오게 하는 것까지 인정할까? 심지어 회사는 일부만 직장폐쇄를 할 수 있다. 즉 조합원들만 몰아내고 비조합원과 대체인력을 투입해 공장을 돌릴 수 있다. 이는 파업하는 노동자를 내쫓을 권력을 회사에 준 것이다.

KEC 노동자들은 여기에 그치지 않고 파업에 대한 책임으로 징역을 살아야 했다. 또 법원은 노동조합의 파업이 업무방해라며 70억 원을 배상하라고 회사 손을 들어줬다. 조합원들은 월급에서 150만 원을 초과하는 금액을 빼앗기며 3년간 이를 다 갚았다. 그리고 온전한 월급을 받은 첫 달, 너무 좋아서 맛있는 것 사 먹었다며 이미옥과 황미진이 웃는다.

정문 앞에서의 삼겹살

1970년생 이미옥(KEC)

1988년 11월 10일에 입사했어요. 그때는 직원이 3,000명 정도였어요. 여자 기숙사에만 1,000명 넘게 있었으니까, 직원 중 70% 이상이 여성이었어요. 정문 앞 기숙사에는 다 수용할 수 없어서 순천향대병원 근처 5층 아파트 한 동을 기숙사로 사용했어요. 처음 입사할 때는 2교대였고, 3개월 지난 뒤에는 부서를 변경해 주간근무만 했어요. 지금까지 30년 동안 출하 관리를 하고 있어요. 다 만들어진 트랜지스터가 창고로 입고되면, 포장해 업체로 출고하는 걸 관리하죠.

저는 노동조합에 대해 잘 몰랐어요. 제가 가입된 지도 몰랐으니까요. 노조에 대한 설명이 전혀 없었고, 그냥 자동으로 가입되는 거였죠. 시간이 지나고 파업하면서 제가 조합원이라는 걸 알았어요. 관심이 별로 없었어요. 출고 업무는 간접부서라 파업에 상관없이 일해야 했어요. 회사가 있어야 저도 있다고 생각했고, 파업하면 회사가 망하는 줄 알았거든요. 노조 교육에도 가지 않았고요.

출근시간이 아침 8시 30분인데, 7시쯤 출근해 20개가 넘는 책상을 닦고 재떨이 비우고 청소를 다 하면 8시 10분쯤 됐어요. 그렇게 열심히 일했죠.

2010년에 직장폐쇄가 됐을 때도 처음엔 그게 뭔지 몰랐어요. 그저 동료들과 들어갈 때도 나올 때도 함께하자고 약속했죠. 그때만 해도 노조가 필요하다고 느끼지 못했고, 그냥 같이 남기로 했으니 남은 거예요. 당시 제 나이가 마흔이었는데, 그때까지 회사에 다닐 수 있었던 게 노조 덕분이라고 생각하긴 했어요. 직장폐쇄하고 342일 동안 버티면서 내가 그동안 생각했던 회사와 노조의 모습이 다르게 보이더라고요. 회사가 그간 제게 대한 모습도 새롭게 보이고요. 제일 처음에 분노했던 게 여자 기숙사에 용역깡패를 투입한 거였어요.

그때 이야기하면 또 눈물이 나요. 새벽에 기숙사에 있던 동생들에게 전화가 왔어요.

- 언니, 시커먼 남자들이 왔다갔다해요. 너무 무서워요.

동생 목소리 뒤로 여직원들 비명이 들렸어요.

- 불 끄고 문 잠그고 꼼짝 말고 있어.

노동조합에 연락해 동지들이 기숙사로 갔어요. 저는 너무 무서워서 못 가고 집에 있었고요. 나중에 들으니 새벽에 용역깡패들이 여자 기숙사에 들어가 다 끌고 나왔다는 거예요. 세상에, 자다가 얼마나 놀랐겠어요. 이건 아니라는 생각이 들었어요. 다음날 출근해 정문으로 갔지만, 직장폐쇄를 해서 공장에 들어갈 수가 없었어요. 정문 앞에 서 있는데, 이 상황이 믿어지지 않더라고요.

- 내가 이 회사에서 얼마나 열심히 일했는데, 어떻게 회사가 나한테 이럴 수 있지?

걱정도 많아지고 마음이 너무 안 좋았어요. 그날 정문 앞에 천막을 설치했는데, 동생들이 그러더라고요.

- 언니, 우리 3만 원씩 걷어서 정문 앞에서 삼겹살이나 구워 먹어요. 어차피 들어가지도 못하는데. 배고프니까 고기나 구워 먹죠.

깜짝 놀라서 지금 삼겹살 구워 먹을 때냐고, 그러면 안 된다고 했어요. 그런데 노조 집행부가 그러라고 해서, 첫날 천막 치자마자 그 자리에서 바로 삼겹살 구워 먹었어요. 처음엔 약간 쫄았는데, 다음날엔 부침개도 부쳐 먹고 곱창도 구워 먹었죠.

그 이후로 회사가 우리에게 하는 짓을 보면서 수없이 많은 경험을 하게 됐어요. 그때부터 노동조합을 지켜야 한다는 생각이 들었고요.

342일 투쟁하고 현장 복귀할 때도 모욕적이고 치사했어요. 회사가 바로 일을 시키는 게 아니라 교육한다면서 시험을 치르는 거예요. 나중에 확인하니 사지선다 객관식 문제 정답이 순서대로 '다-나-가-라'였어요. 다 나가라, 다 나가라, 다 나가라. 누군가 문제를 제기하니까 그다음 시험 정답은 '나-가-라'였죠. 이런 것까지 머리 써서 참 꼼꼼하게 괴롭혔어요. 다른 건 말해 뭐 하겠어요. 핸드폰을 압수하기도 하고, 우리가 뭘 하던 용역깡패들이 뒤에서 지켜봤어요. 심지어 화장실 몇 번 가는지 세면서 뒤에서 쫓아오고, 부채질을 몇 번 하는지 세기도 하고.

- 우리는 일 잘하는 사람 필요 없다. 우리 말 잘 듣는 사람이 필요하다.

회사는 대놓고 이렇게 말했어요. 날마다 회사에서 교육받고 퇴근하면, 조합원들이 노조에 모여 토론했어요. 회사가 개인 면담하면서 나가라고 하면 녹취했고요. 힘들었지만 즐겁게 했어요. 조합원들이 다 같이 토론하며 대응하니까, 우리가 쉽게 지지는 않을 거란 생각이 들었어요.

손해배상금 70억 원을 갚은 부자들
1982년생 황미진(KEC)

KEC는 반도체 전문 기업으로, 컴퓨터와 자동차, 핸드폰에 들어가는 소신호 트랜지스터(SSTR)를 만들어요. 저는 1999년 6월에 입사했어요. 당시 직원은 1,300여 명이었고, 주로 여성이 많았어요.

2010년 6월 30일에 회사가 직장폐쇄를 했어요. 지금 생각해보면 전형적인 노조파괴 방식이었죠. 7~8월쯤에 회사는 노조 전임자와 조합원들의 노동조합 활동시간을 포기하라고 요구했어요. 노동부는 노조의 파업을 불법으로 규정했고요. 파업 와중에도 회사는 수백 명의 대체인력을 투입해 주말 특근을 다 돌려서 120% 생산을 달성했어요. 이후 9월에 많은 사람이 복귀했고, 우리는 10월 말에 공장을 점거했어요.

처음에는 공장을 점거하는지도 몰랐어요. 집회 도중에 200여 명이 갑자기 1공장으로 들어간다는 거예요. 거기는 200여 명이 있기엔 너무 좁았는데, 게다가 50명이 1주일 먹을 수 있는 음식만 준비돼 있었죠. 1공장은 반도체를 생산하는 핵심 공장인데, 방진복을 입고 에어샤워도 해야 하는 클린룸[8]에 들어가 11일간 버텼어요. 거기는 설비를 위한 공간이라 난방이 안 돼서 정말 추워요. 좁은 공간에 갇혀 있으니 많이들 불안해했어요. 처음에는 화장실도 못 가서 고생했어요. 화장실로 통하는 문을 회사가 막아버렸거든요. 3일 후 회사가 문을 열어줘서 화장실 문제는 해결됐지만, 이번에는 생리대가 모자랐어요. 응급조치로 공장에서 사용하는 종이를 쓰면서 여성용품과 음식, 비상약을 달라고 요구했죠.

---

8 반도체 공장의 작업 현장. 제품에 먼지와 이물질이 들어가지 않도록 창문이 없고, 공기순환 장치를 통해 불순물 없는 깨끗한 공기만 현장으로 들어가도록 설계되어 무균실이라고도 부른다. 제품 보호 목적으로 깨끗할 뿐 노동자 건강에는 오히려 좋지 않다는 주장이 많고, 실제 현장에서 어지럼증과 두통을 호소하는 노동자들도 있다. 삼성반도체 클린룸에 대해서는 김성희, 『먼지 없는 방』 (보리, 2012) 참고.

회사가 노동조합을 포기하라며 직장폐쇄를 했을 때 황미진은 클린룸을 점거하고 11일간 버텼다.

점거 농성 이후에는 매일 정문 천막으로 모였어요. 농성장에 오는 사람이 50~60명 정도고, 남은 인원은 250여 명이었어요. 다들 패배감이 짙었어요. 그렇게 해가 지나자 돈이 필요해져서 신분보장기금[9]을 신청했어요. 매달 최저임금 수준의 신분보장기금을 받게 된 후론 120여 명이 꾸준히 농성장에 나왔어요.

그리고 5월쯤에 지도부가 파업 철회와 현장 복귀를 결정하고, 6월 11일 현장에 복귀했죠. 회사는 파업 참가자들을 교육관에 모아놓고 회사를 그만두라며 7주 동안 개별 면담을 했어

---

9   장기투쟁을 하는 조합원들에게 지급하는 금속노조 지원금.

요. 당시 노조 지도부도 퇴근 후 조합원들과 토론을 했고요.

이때 회사가 청구한 손해배상액이 300억 원이었는데, 재판 과정에서 70억 원까지 줄었어요. 2017년 8월부터 2019년 8월까지 3년 동안 그 돈을 갚았어요. 월급에서 생활비 150만 원을 제외한 금액을 60명이 매달 갚은 거예요. 150만 원으로 한 달 사는 게 쉽지 않았죠. 우리 조합원들이 정말 대단한 게 그 와중에 특근도 했어요. 일을 많이 해도 어차피 150만 원만 손에 쥐지만, 빨리 갚고 싶다면서요. 민주노총도 1인당 5,000원씩 모금해 1억 원을 모아줬어요. 모두가 우리 투쟁을 지지해줬죠.

손해배상금을 다 갚고 첫 월급을 받기 전까지는 실감이 안 났어요. 그리고 온전한 월급을 받았는데, 부자가 된 것 같았어요. 조합원들도 정말 기뻐했고요. 마침내 해방된 것 같아 한 달 동안은 돈을 물 쓰듯 썼어요. 사람들과 맛있는 것도 사 먹고, 정말 좋았어요.

*

납득할 수 없는 이상한 폐업은 또 있다. 기업사냥꾼에 의해 회사가 사라지는 경우다. 김태을에게 무자본 인수 방식과 그 결과 빚더미에 앉은 회사가 폐업한 경우를 들었다. 무자본 인수는 돈 없이 기업을 인수한다는 말이다. 돈이 없어 일가족이

셋방에서 함께 자살했다는 참혹한 소식이 잊을 만하면 들려오는 대한민국이다. 그런데 어떻게 돈 없이 회사를 인수하는 신묘한 방법이 있다는 걸까? 방법은 빚이다. 은행 빚으로 회사를 산 다음 회사를 담보로 다시 빚을 내서 은행 빚을 갚는 방식이다. 예를 들어 돈 한 푼 안 들이고 85억 원의 빚을 내서 회사를 사고, 그 회사를 담보로 은행에서 85억 원 대출을 받아 빚을 갚으면 자기 회사가 된다. 여기까지는 대출 이자는 물론 여전히 85억 원의 빚이 있고, 수익은 하나도 없다. 문제는 여기서부터다. 이 회사를 200억 원으로 가치를 부풀려 되팔아 85억 원의 은행 대출을 갚고 115억 원의 수익을 벌어들인다. 이런 사람들을 기업사냥꾼, 전문 용어로 기업인수합병M&A 전문가라고 한다. 그런데 85억 원을 주고 산 회사를 어떻게 200억 원으로 부풀릴까? 이는 허위 계약, 허위사실 유포, 시세 조정, 공문서 허위 기재 등의 불공정거래를 통해 가능하다. 이 모든 것이 밝혀지기 전에는 합법이고, 혹시 운이 안 좋아 들통나서 구속되더라도 잠깐 징역 살고 나오면 115억 원이 자기 돈으로 남는다.

무자본 인수 방식이라는 사기극을 정부가 단속하지 못하는 이유는 만만치 않은 일이기 때문이다. 2020년 대한항공이 아시아나를 무자본 인수한다는 계획이 발표됐다. 대한항공은 코로나19로 치명타를 입어 이미 부채가 23조 원에 달했다. 그런

대한항공이 무슨 수로 아시아나를 인수할 수 있을까? 이를 위해 정부는 산업은행에 있는 세금 8,000억 원을 투자하겠다고 했다. 대한항공과 아시아나를 합치면 한진그룹 조씨 일가는 세계 10위의 항공사를 거느리며 그 수익을 모두 가져갈 수 있다. 정부가 산업은행의 8,000억 원을 대한항공에 주는 것은 사기가 아닌 합법적인 일이다. 하지만 여전히 돈이 없어 자살하는 일가족이 있는 나라에서 이런 일이 정의롭다고 말할 순 없다. 기업사냥꾼의 무자본 인수가 더 나쁜지, 대한항공의 무자본 인수를 돕는 정부가 더 나쁜지는 알 수가 없다.

무자본 인수 방식의 또 다른 문제는, 이 과정에서 기업이 폐업할 경우 노동자들이 피해를 본다는 것이다. 즉 기업사냥꾼의 사기 놀음에 노동자들의 생존권이 위협받고 있다.

노동조합이 만들어져서 경영을 못 한다는 사장과 물량을 다른 회사로 돌려버린 원청회사, 그리고 폐업. 이에 노동자들은 길에 나앉을 수밖에 없다. 도돌이표다.

기업사냥꾼이 합법이라니
1973년생 김태을(한국캅셀)

저는 약 캡슐을 만드는 한국캅셀의 검사부서에서 일했어요. 아무래도 사람 몸에 들어가는 거니까 철저하게 검사했죠.

2007년에 노동조합이 설립됐어요. 주5일제가 단계적으로 시행되어 임금이 삭감되면서 최저임금도 못 받았거든요. 그래서 노조를 만들고, 회사에 법을 지키라고 요구했어요. 처음에는 노조에 많이 가입했는데, 회사가 개별 면담하면서 회유하고 협박하니까 많은 남성 조합원이 떨어져나가 반토막이 됐죠. 여성 중엔 이탈한 사람이 거의 없어요. 계모임도 하고, 교회도 같이 다니고, 등산도 함께하면서 신뢰관계가 깊었거든요. 하지만 남성 사이엔 신뢰보다는 서열이 우선이었나 봐요. 상사가 나간다고 따라 나가고, 공장장이 한마디 하니 그만두더라고요.

한국캄셀은 기업사냥꾼이 들어와 폐업하게 된 사례예요. 그들은 무자본 인수 방식으로 회사를 샀어요. 은행 빚으로 회사를 산 다음 이를 담보로 다시 빚을 내서 은행 빚을 갚는 방식이에요. 그렇게 빚이 돌고 돌면서 멀쩡하던 회사가 갑자기 빚더미에 앉는 거예요. 그런데 이게 합법적인 기업 인수 방식이라는 사실이 충격적이었어요. 세상이 정말 싫어지더라고요.

- 이 사회는 저런 사기꾼들을 합법으로 인정하며 먹여 살리는구나.

이 과정에서 노동자만 하루아침에 거리로 내몰려 일자리를 잃는 거죠. 교섭 도중에 갑자기 회사를 판다고 하더라고요. 그때 제가 노조 대표였는데, 회사를 지키기 위해 1년 정도 농성을 했어요.

회사 문 닫을 무렵엔 이제 회사도 없는데 무슨 투쟁이냐며 떠난 사람들도 있어요. 하지만 저는 이게 끝이 아닌 것 같았어요. 사기당한 기분이 들었으니까요. 잘 돌아가던 회사가 갑자기 하루아침에 문 닫는다니까 이게 뭔지 제 눈으로 확인하고 싶었어요. 사실 우리는 용역들 손에 끌려나오는 순간까지도 회사를 되돌릴 수 있을 거라고 생각했어요. 포기할 수 없었죠.

이후 최종 합의하고 투쟁을 정리한 게 2011년이에요. 당시 대표로서 지금까지도 아쉬운 게 많아요. '내가 막아야 했는데, 내가 책임져야 했는데, 더 힘차게 싸워야 했는데' 하면서요. 농성 현장을 지키고 있을 때 전기를 끊으러 온 차 앞에 드러눕지 못한 게 평생 한이에요.

점심 식대도 안 주면서 화장실 청소를 하래요
1962년생 정영희(성진CS)

2010년 4월 1일 자동차 시트를 만드는 성진CS에 입사했어요. 저는 시트커버를 안팎에서 두 줄로 박는 쌍심사라는 특수기술을 가지고 있어요.

우리는 2018년 1월에 노동조합을 만들었어요. 550%였던 상여금은 진즉에 삭감을 반복하다가 아예 없어졌고, 자녀 학자금도 수당도 사라졌어요. 그래도 사장은 제때 월급 주는 게 어디냐고 했죠. 사실 우리는 나이 많은 여성이 많아서 회사를 옮기기보다는 익숙한 곳에서 일하고 싶어 모두 버티고 있었어요. 그러던 어느 날 우리더러 화장실 청소를 하라는 거예요. 점심 식대도 안 주는 걸로 취업규칙을 변경한다고 하고, 도저히 참을 수 없어서 노동조합을 만들게 된 거죠. 노조를 만들고 나니까 늘 우리를 아래로 보던 전무가 90도로 허리를 꺾어 인사하더라고요. 잘 부탁한다면서요. 깜짝 놀랐죠.

그러더니 2018년 4월에 결국 폐업했어요. 원청회사가 코오롱글로텍이었는데, 20년 동안 단 한 번도 주문이 끊긴 적이 없었어요. 그런데 노조가 만들어지고 두 달 만에 물량이 없다는 말이 돌았어요. 원청회사가 다른 업체로 물량을 옮겼다고요. 사장은 평소에도 힘들어지면 언제든 회사를 접을 거라고 했는데, 결국 그렇게 하더라고요. 주로 여성이 많지만, 우리가 콩나물값 벌려고 회사에 다닌 건 아니거든요. 생계를 책임지는 여성들도 많아서 폐업한다는 말에 무서울 수밖에 없었죠.

이후 매일같이 마곡동에 있는 코오롱글로텍에 가서 피케팅을 했어요. 아침 10시면 노조 사무실에 모여 아침밥을 해서 같이 먹고 마곡역으로 갔어요. 피켓이랑 스피커를 바리바리 들고 지하철 타는 것도 일이었는데, 근처 노조 사무실에 맡기면서 좀 수월해졌어요. 코오롱글로텍 본사 앞에 짐을 풀고, 11시

30분부터 피케팅을 시작해요. 날이 추워지면서 조합원도 조금씩 줄고, 생계문제와 가족의 반대로 정말 힘들었죠. 처음에는 사람들이 앞에 나서는 걸 싫어해서 저 혼자 선전전을 하기도 했어요. 그러다가 성대가 찢어져 치료를 받기도 했고요.

어느 날 쉐보레, 신영, 레이테크 노조가 코오롱 본사에 연대 투쟁하러 왔어요. 늘 20명이 싸우다가 마이크 볼륨을 높이고 깃발이 휘날리는 가운데 수많은 사람이 한 줄로 건물을 에워싸던 모습을 아직도 잊을 수 없어요. 그 이후로 투쟁하는 자리엔 한 사람이라도 더 참여하는 게 중요하다는 걸 느꼈어요.

2019년 7월 코오롱글로텍과 재취업을 위한 교육 등을 합의해서 투쟁이 마무리된 후 좀 쉬다가 지금은 서울메트로에 취업해 민주노총 조합원으로서 활동하고 있어요. 지금도 여전히 집회하며 싸우고 있죠.

6.
불안정한 노동의 시대를 연
신자유주의

1997년 IMF 외환위기로 신자유주의 구조조정의 시대가 왔다. 국고가 바닥나 나라가 어려우니 허리띠를 졸라매야 한다고 했다. 노동자들은 한 번도 샴페인을 터트린 적이 없고, 날마다 출근해 어제처럼 오늘도 일하는데, 왜 갑자기 나라가 어려운지 알지 못했다. 그런데도 전 국민이 자녀 돌반지까지 바치며 금 모으기 운동에 동참했다. 국가 경쟁력 강화와 기업 하기 좋은 나라를 위해 노동이 유연화되어야 한다고 했다. 공기업과 한국통신, 철도 등 기간산업도 민영화됐다. 전봇대를 세우고 철로를 깔 때는 국민 세금으로 했지만, 이윤은 사기업의 곳간으로 쌓였다. 노동의 유연화를 위해 정리해고가 합법이 되어 정규직을 자르고, 파견법을 통해 비정규직 시대가 열렸다.

이때를 기점으로 모든 것이 변했다. 정규직 고용을 상징하는 평생직장의 개념이 사라지고 모든 노동자가 고용불안에 시달린다. 정규직 노동자도 언제든 구조조정으로 정리해고될 수 있다는 불안이 내면화됐고, 비정규직 노동자는 1년, 6개월, 혹은 3개월짜리 단기계약을 하며 불안하다. 노동의 유연화가 관철된 불안정한 노동의 시대는 구조조정이 일상적으로 행해지고 있음을 의미한다.

IMF 국면에 접어든 1997년 11월 현대자동차는 '1998년 인력관리 운영계획'을 통해 총 3,001명의 여유 인원을 정리할 계획이라고 밝혔다. 이후 과장급 이상 관리자에 대한 명예퇴직을 시행하고, 노조와 합의 없이 희망퇴직을 받으며 구조조정의 순서를 밟았다.

한편 1998년 2월 6일 새벽, 2년간 유예됐던 정리해고제를 조기에 받아들이는 노사정합의안을 민주노총이 동의했다. 2월 9일 민주노총 임시대의원대회에서 노사정합의안을 부결하고 상근 임원 전체 퇴진과 비상대책위원 구성을 결정했다. 그리고 2월 10일 비상대책위원회가 총파업을 결정했지만, 12일 8시간의 회의 끝에 다시 총파업을 철회했다. 이날 대우조선 최대림 조합원은 정리해고 반대 총파업투쟁에 전 조합원이 동참할 것을 호소하며 분신했다.

민주노총의 총파업 철회로 2월 14일 임시국회에서 정리해고제와 근로자파견제가 통과되어 구조조정의 신호탄이 올랐고, 전국에서 정리해고 공세가 이어졌다. 전국의 노동자가 힘을 모아 막을 기회를 놓쳤고, 가장 큰 사업장 중 하나인 현대자동차 조합원들은 의도치 않게 노동자계급의 대표선수가 되어 정리해고를 막아야 하는 시험대에 올랐다.

현대자동차노동조합은 5월 25일 조합원 총회에서 89.4%라는 압도적인 찬성으로 총파업을 결의했다. 그리고 6월 30일 현대자동차는 4,830명의 정리해고 계획을 발표했다. 이에 노조가 파업에 돌입했고, 회사는 7월 16일 2,678명에게 해고를 통보했다. 노조는 고공농성을 벌이며 반발했지만, 회사가 휴업을 결정하면서 현대자동차 울산공장을 둘러싼 긴장이 높아진 가운데 7월 31일 희망퇴직을 신청하지 않은 1,569명이 정리해고됐다. 8월 1일부터 9일까지 휴가 기간에 3,000여 명의 조합원이 휴가를 반납하고 농성투쟁을 지속했다. 휴가 마지막 날인 8월 9일 저녁에는 1만여 명의 조합원이 참가한 집회가 폭우 속에서 진행됐다. 8월 14일 대검찰청이 공권력 투입을 발표하고, 15일 100여 개 중대 1만2,000여 명의 경찰 병력을 현대자동차 주변에 배치했다. 8월 20일에는 정부 중재안이 나왔다. 정리해고 대상자 1,538명 중 식당 여성 조합원을 포함해 250~300명으로 최소화, 1,200여 명 무급휴직 및 순환휴가, 고용안정기금 설치 및 운영, 민형사상 고소 고발과 손해배상 및 재산가압류 취하, 징계 철회, 노사평화선언 등의 내용이었다.

　　8월 21일 협상보고대회에서 현대자동차노조 위원장이 정부 중재안을 받겠다고 선언하며 "노조는 식당 조합원 정리해고 위로금 2,000~2,400만 원을 요구하고 있다. 그리고 식당을 소비조합 형태로 노조에서 운영하겠다. 고소 고발, 손해배상 등 풀어야 할 과제들이 만만치 않다"고 밝혔다. 9월 1일 조합원 총회에서 합의안에 대한 찬반투표를 진행해 63.6%의 반대로 부결됐으나, 결국 식당 여성 조합원 277명의 정리해고에 합의했다. 파업이 마무리되고, 대부분 노동자가 일상으로 돌아갔다. 이후 '정리해고, 무급휴직자 원상회복투쟁위원회(정투위)', '정리해고자 생계대책위원회(생대위)', 그리고 정리해고된 식당 여성 조합원의 투쟁이 이어졌다. 이 장기전은 1999년 말 무급휴직자들이 전원 복직되고, 2000년 정리해고자 조기 복귀와 식당 여성 조합원의 마지막 합의로 마무리됐다.

한편 정부는 1998년 8월 23일 식당 조합원 277명을 정리해고한다는 현대자동차 노사합의 직후, 정리해고에 저항해 싸우던 만도에 공권력을 투입해 폭력적으로 진압했다. 이후 정리해고가 유행이 됐고, 이 흐름은 2010년 쌍용자동차 노동자들이 '해고는 살인이다'라는 구호를 외치며 다시 투쟁할 때까지 지속된다.

희망퇴직이 그리 좋으면 너부터 나가라
1960년생 정영자(현대자동차)

1986년 현대자동차 울산공장에 입사했어요. 처음에는 출고

차량에 들어가는 공구 쌈지를 담당했어요. 당시 제가 긴 생머리에 반바지를 입고 다녀서인지 주변에서 미혼으로 봤어요. 결혼했다고 아무리 말해도 연애하자거나 밥 한번 먹자 하고, 지금 생각하면 성희롱이었죠.

1989년 4월에 식당으로 부서를 옮겼어요. 일하는 사람들이 다들 가정주부라 귀찮게 하는 사람은 없었는데, 군대처럼 위계질서가 엄격해서 힘들었어요. 그때 노동조합이 만들어지면서 우리는 직군 전환을 요구했어요. 식당 여성 조합원이 550명이었거든요. 현장은 생산직이고 정액 임금을 받았지만, 우리는 단순직에 평가에 따라 임금을 차등 지급했어요. A~D급으로 나눴는데, 저는 늘 C~D급이었어요. 관리자나 주방장에게 담배나 속옷을 사다주면서 잘 보이면 대충 일해도 A급을 줬어요. 이건 아니다 싶어서 문제 제기하니까 선배들이 저더러 대의원을 해보라는 거예요. 아이가 어려서 힘들다고 했더니 소의원을 권하더라고요. 그때부터 지금까지 노조 활동을 하고 있어요. 이후 식당도 직군 전환해서 생산직이 됐어요.

입사하고 10년쯤 지난 1998년에 회사가 정리해고를 시작했어요. 총무팀 부장이 식당 직원들에게 희망퇴직을 권하더라고요. 그러면서 희망퇴직 순서를 통보했어요. 1순위 식당 여성 조합원, 2순위 맞벌이 중 여자, 3순위 가족 둘 이상이 다닐 경우 여자. 모두 여자가 우선순위였죠.

- 나는 동의 못 한다!

식당 조합원 중 실질적인 가장이 절반이 넘었거든요. 그런데 왜 식당 여성 조합원이 1순위로 나가야 하는지 이해할 수 없었어요. 저는 버텼지만, 그때 많이들 그만뒀죠. 날마다 면담하면서 나가라고 하니까 못 버틴 거예요. 결국 144명만 남았어요. 복직하면 다 같이 금목걸이에 사원증을 걸고 다니기로 약속하고 싸움을 시작했어요. 정말 악착같이 싸웠죠.

한번은 노조 집행부가 장문의 글을 주면서 집회 때 읽으라고 했어요. 그래서 내가 필요 없다고 했죠. 내가 하고 싶은 말을 있는 그대로 하면 된다고요.

- 공장장 개새끼, 희망퇴직이 그리 좋으면 너부터 나가봐라. 그럼 내가 동의해줄게.

집회 때 단상에 올라가 이렇게 욕했다고 고소 고발을 당해 수배가 떨어졌어요. 그래서 집에도 못 가니 선배들이 우리 아이들을 챙겨줬어요. 아들이 교통사고를 당했는데도 못 나가서 딸이 대신 병원에 데려갔죠. 어느 날 아들이 전화하더니 막 따지더라고요.

- 엄마, 밖에서 무슨 짓을 하고 다니는 거야?

- 엄마한테 그게 무슨 말버릇이야?

- 경찰들이 엄마가 회사에서 무슨 짓을 하는지 아느냐고 한바탕 난리 치고 갔어. 거기서 더러운 꼴 보지 말고 빨리 나와.

그랬던 아들이 투쟁한 지 2년이 지나고서는 어떻게 달라졌는지 압니까?

- 엄마 더 열심히 싸워야 해. 내 친구들 다 데리고 갈까?

그때 참 악착같이 싸웠어요. 그러다가 위원장이 우리를 모아놓고 설득을 했어요. 어쩔 수 없다고. 동력이 떨어져서 더 싸우기 어렵다고요. 공권력이 투입돼 경찰들이 세 번이나 몰려왔었거든요. 그때도 우리는 가방 메고 우산 들고 본관 앞으로 돌격해 싸웠어요. 그런데 위원장이 어쩔 수 없다는 거예요. 식당 조합원 정리해고를 노조가 받을 수밖에 없다면서요. 대신 싸우고 있는 식당 조합원 144명은 노조가 운영하는 식당에 고용해서 임금을 보전해줄 테니 정년퇴직 없이 호호 할매 될 때까지 맘껏 일하라는 거예요. 정리해고되면 퇴직금을 주는데, 거기에 특별위로금 2,000만 원도 더 얹어 준다고 했어요. 선배들이 더는 못 싸우겠다고, 애들 도시락 싸서 학교도 보내야 하니 받아들이자고 하더라고요. 물론 동의 못 한다는 분도 있었지만, 다수가 그렇게 말하니까…. 그날 밤 9시 뉴스에 현대자동차 식당 노동자들이 정리해고에 동의하고 특별위로금 2,000만 원을 별도로 받았다고 나오더라고요.

그런데 막상 식당에 출근하면서부터 문제가 발생했어요. 전에는 단순 메뉴였는데, 조합원들이 식사 질이 안 좋다고 하니까 복수 메뉴로 바뀌었어요. 식판도 알루미늄에서 스테인리스로 바뀌었는데, 그건 너무 무거워서 물에 가라앉을 뿐 아니라 포개지면 떼어지지 않아요. 여기에 그전에 없던 후식까지 챙겨야 하니까 노동강도가 엄청나게 세진 거예요. 그런데 첫 월급을 받아보니, 제가 입사 초창기 월급이 150만 원이었는데 고작 74만 원이더라고요.

이래 가지곤 살 수가 없다는 생각이 들었어요. 호호 할매 되기 전에 다 나가겠더라고요. 그래서 위원장이 왜 약속을 안 지키는지 물어보려고 대의원대회장에 쫓아갔어요. 우리가 정리해고는 됐지만, 조합원이었거든요. 그런데 위원장이 그러는 거예요. 여러분은 현대자동차노조 조합원도 아니고, 식당 아주머니들은 해고자도 아니라고요. 속에서 뜨거운 게 확 올라왔어요. 이게 뭔 개소리냐고, 회사도 인정하는 상황이고, 정리해고자들은 회사 상황이 좋아지면 2년 안에 리콜한다는 합의서도 있었거든요. 그래서 왜 약속을 안 지키냐고 물었더니 위원장이 또 그러는 거예요.

- 내가 해고한 거 아니잖습니까? 해고한 사람한테 복직시켜 달라고 하세요.

정리해고를 합의한 게 자기가 아닌 전 위원장이니까 거기 가서 말하라는 거예요. 그런데 위원장이 그러면 안 되잖아요. 우리는 조합원이잖아요. 전 집행부가 잘못한 게 있으면, 차기 집행부가 바로잡아야죠. 그래서 다시 싸움을 시작했어요.

1998년에는 해고되지 않으려고 싸우다가 정리해고됐고, 2000년에는 복직하기 위한 싸움을 한 거죠. 자신감이 있었어요. 일은 힘들어도 어떻게든 참을 수 있는데, 위원장이 한 약속을 지키라는 거였으니까요. 부산지방노동위원회에 구제신청을 넣었더니 부당한 정리해고는 맞는데, 노사 대표가 합의했으니 어쩔 수 없다는 결과가 나왔어요. 본관 앞에 천막을 치고, 연대가 너무 절실해서 울산 여성 동지들 모아서 울산노동연대를 만들었어요. 그리고 투쟁 사업장끼리 수시로 연대하자고 해서 제가 초대 대표를 맡았어요. 투쟁할 때 노조 식당차를 방송차로 만들어 끌고 다녔는데, 운전할 줄 아는 사람이 나밖에 없었어요. 그렇게 운전해서 전국을 다녔어요. 결국 2000년에 합의를 했어요. 현장에 복직할 사람은 현장으로 가고, 식당에 남는 사람은 자녀를 대신 입사시켜 주는 걸로요. 저는 현장복직을 택해 정리해고된 지 24개월 만에 현장으로 돌아갔죠.

가발 쓰지 말고 당당하게 해라
1960년생 김공자(현대자동차)

1988년에 입사해서 10년 만에 정리해고를 당했어요. 고무장갑도 아껴 쓰고, 회사 말만 잘 들으면 잘살 거로 생각했는데 말이죠. 해고된 뒤에야 아무리 열심히 일하든 오래 일하든 다

소용없음을 알게 됐어요. 제가 실질적인 가장이어서 다들 그만두고 혼자 남더라도 끝까지 싸워야겠다고 다짐했어요.

노조 사무실 앞에 천막을 치고 농성에 돌입했어요. 회사가 식당 문을 잠가서 가까운 본관 식당부터 하나씩 열고 밥을 해 먹었어요. 아침에 천막에서 일어나 밥 먹고 회의하고 투쟁가 배우고, 낮에는 점심 먹고 삼산시장에 가서 우거지를 얻어와 저녁식사를 준비하고, 저녁에는 운동 삼아 산책하고 줄넘기 하고 노래도 배우고. 그러다 보니 그 생활에 젖어서 집에 가고 싶지 않더라고요. 종일 농성장에 있으면 가끔 가족들이 찾아 왔어요.

저는 남편이 아파서 단식을 못 했어요. 단식하는 동지들을 보면 늘 마음에 걸렸죠. 그래서 삭발을 했어요. 그때 동지들이 투쟁기금으로 가발을 사줬는데, 그걸 쓰고 집에 갔더니 남편 이 그러더라고요.

- 투쟁하더니 머리 스타일이 바뀌었네.

그러다가 밤에 자는데 가발이 벗겨진 거예요. 남편이 깜짝 놀라 소리를 지르더라고요.

- 나 때문에 미안하다. 남의 집에 들어가 도둑질하는 것도 아니고, 가발 쓰지 말고 당당하게 해라.

그 후로 집에서 가발을 안 썼어요. 남편이 아이에게 너도 회 사 다니면 엄마처럼 할 수 있겠냐고 자랑스럽게 말해줘서 참

고마웠어요. 시트 사업부에서 일하는 딸도 지금 현장위원으로 활동해요. 처음 회사에 들어가니 커피 심부름을 시키더래요.

- 나는 일하러 온 사람이지, 커피 타러 온 사람이 아닙니다.

그렇게 참지 않고 말했대요. 이래서 가정교육이 중요하구나 싶었죠.

싸울 때는 투쟁하면 이길 수 있다는 확신이 있었어요. 다만 나중에 노조와 갈등이 생겼을 때 힘들었죠. 위원장이 합의안을 발표한 다음에 우리가 분해서 노조로 쫓아갔거든요. 그런데 아무도 없었어요. 간부들이 다 도망간 거지. 억울하고 분해서 컴퓨터고 책상이고 막 때려 부쉈어요. 반대야 했지만, 그래도 합의가 됐으니까. 그렇게 식당으로 갔는데, 노동강도는 세지고 임금은 적고 해서 다시 싸울 수밖에 없었어요. 2000년 최종 합의할 때 생산라인에 가고 싶은 사람은 가고, 식당에 계속 남을 사람은 남았는데, 저는 식당에 남았어요. 식당일만 해봤지 기계 있는 라인일은 해본 적도 없고, 그냥 내 자리에서 하던 일 하고 싶었어요. 그러고도 그 위원장에 대한 분노가 오래갔는데, 지금은 괜찮아요. 나이 들어 그런지, 이젠 뭔가 마음에 앙금을 남기고 싶지 않아요. 그만 잊어야지 싶어요.

*

한국지엠(전 대우자동차)은 상황이 좀 다르다. '세계는 넓고

할 일은 많다'던 김우중 회장의 대우그룹이 망했다. 1999년 워크아웃 대상 기업이 된 대우자동차는 포드에 매각을 추진 했지만, 2000년 9월 포드가 최종 인수를 포기하면서 부도 위 기에 닥쳤다. 2000년 10월 김대중 정부와 회사는 구조조정 동 의서가 없으면 부도 처리가 불가능하다고 주장했다. 회사 경 영에 노동자를 참여시켜 의견을 들어본 적도 없으면서, 경영 진의 잘못으로 회사가 어려워지니 정리해고를 받는다고 약속 해야 회생 절차를 밟을 수 있다며 책임과 고통을 고스란히 노 동자들에게 돌린 것이다. 이미 1999년부터 휴업이 반복되고 임금이 체불되면서 조합원의 40%가 일용직 노동자로 공사판 을 전전하던 상황이었다. 한편 10월에 17대 집행부(위원장 김 일섭)가 당선된 노동조합은 조합원들이 막노동하는 공사장과 집을 일일이 찾아다니며 정리해고가 통보되면 무조건 회사로 모이자고 설득했다.

2001년 결국 부도가 처리되어 법정 관리에 들어갔고, 희망 퇴직이 시작됐다. 그리고 노조는 정리해고 통보가 임박한 2월 1일부터 파업에 돌입했다. 회사가 전 공장 휴무를 발표한 2월 15일, 32년 만에 폭설이 내리는 가운데 노조가 기자회견을 통 해 16일부터 전면 총파업을 선언했다. 17일 1,750명의 조합원 에게 정리해고 통지서가 발송됐다. 이에 노조는 정리해고 통 지를 받은 조합원들에게 공장으로 들어오라는 지침을 내렸고,

300~400명의 조합원이 모였을 때 이미 경찰이 공장을 둘러싸고 있었다.

19일 공권력이 투입되어 조합원들이 공장에서 쫓겨났고, 이때부터 산곡동성당 옆 피정의 집 마당에 천막을 치고 농성에 들어가 약 1년간 정리해고 저지 투쟁을 했다. 연일 벌어지는 집회와 가두시위, 공장 진입 투쟁 등으로 연행되고 구속되는 사람이 많았다. 대우자동차 정리해고 저지 투쟁에서 연대를 빼놓을 수 없다. 민주노총, 금속연맹뿐 아니라 정당과 사회단체가 이 싸움에 힘을 모아 총 118명이 구속, 또는 수배됐다. 2002년 7월 27일 정리해고자 300명의 복직 합의가 있기까지 지난한 투쟁이 이어졌다. 이때부터 단계적으로 나뉘어 2004년까지 복직을 원하는 1,650명의 정리해고자가 모두 복직했다.

해고도 당해봤고 애들도 다 키워서 겁 안 나요
1959년생 **이노이**(한국지엠)

회사가 1997년부터 명예퇴직을 강요했어요. 2000년에는 노골적으로 나가라고 하더라고요. 입사 동기들은 다 그만두고 3명만 남았어요. 저는 가장이니까 버텼죠.

노동조합 지침을 듣고 공장에 와 보니 해고 통보문을 공장 벽에 붙여 놨더라고요. 그래서 여자 둘이서 탈의실에 자리를 잡았는데, 공권력이 들어와 전기가 끊기면 위험하니까 다른 곳으로 가라는 거예요. 우리도 함께하겠다고 했지만, 남성 동지들이 여자들은 위험하다며 자꾸 나가라고 했어요. 전기가 끊겨 앞이 안 보이는 공장을 나오는데 악에 받치더라고요. 둘이서 손잡고 나오면서 절대 포기하지 말자고 다짐했죠.

당시 일당 5만 원짜리 용역 깡패들이 공장에 많이 들어왔어요. 매일 물대포를 맞고, 쇠창살로 막은 공장 담을 따라 아침마다 성당에 모였죠. 1,750명이 조별로 나뉘어 보라매공원 등 서울 곳곳에서 선전전과 집회를 했어요. 8개월 동안은 실업급여가 나와서 그렇게 할 수 있었는데, 그 뒤로는 생계 때문에 집회에 나갈 수가 없었어요. 제가 가장이었으니까요. 애들 학비가 제일 무서웠어요. 부인이 대출을 받아 도망가거나 이혼하는 등 조합원들 집마다 우환이 끊이지 않았죠. 다들 돈이 없어서 집회가 끝나면 순댓국 하나에 숟가락 대여섯 개를 꽂아놓고 소주를 마셨어요. '공장으로 돌아가고 싶다'는 구호가 적힌 조끼를 입고 시장에 가면 상인들이 이것저것 챙겨줬어요. 그래도 세상이 삭막하진 않구나 싶더라고요.

2002년부터 단계적으로 복직하는데, 저는 맨 마지막이었어요. 2004년에 복직해서 현장 조직에 가입했고, 지엠대우노동조합이 산별노조인 금속노조에 가입한 후에는 여성 할당 대의원을 맡았어요. 그때부터 금속노조 조끼를 입고 다니기 시작했죠. 처음에는 뭐가 뭔지 잘 몰랐어요. 그런데 조합원들 질문에 대답해줘야 하니까 1년 동안 열심히 공부했죠. 그때부터 정년퇴임까지 10년 넘게 중앙위원을 했어요. 그 후에도 명예퇴직이나 정리해고가 계속 있었지만, 두렵지 않았어요. 해고도 당해봤고, 애들도 다 키웠으니 겁 나는 게 없어요.

*

1989년 대한조선공사가 한진그룹으로 인수되어, 1990년 7월 회사명이 한진중공업으로 바뀌었다. 한진중공업은 경영합리화를 한다며 2002년 노사합의를 깨고 일방적인 희망퇴직, 명예퇴직, 정리해고를 단행했다. 이 과정에서 600여 명이 잘려나갔다. 2002년 당시 한진중공업은 매출 1조6,000억 원에 당기순이익 239억 원을 내는 잘나가는 회사였고, 사주는 해마다 50~100억 원의 이익배당을 챙겨갔다. 이윤이 남는 멀쩡한 회사가 구조조정을 발표한 이유는 해외로 공장을 이전하려는 계획 때문이었다. 회사는 금싸라기 영도 땅을 팔아 임금이 저렴한 필리핀 수비크로 공장을 이전하기 위해 구조조정을 경영합리화라고 주장했다. 노동조합이 2년간 싸워 2004년 회사와 합의했지만, 회사는 노조와의 합의를 쉽게 뒤집었다. 그리고 노조 간부 110명에게 18억 원의 손해배상을 청구하고 가압류를 신청했다. 김주익을 비롯해 14명을 고소 고발하고, 26명의 조합원을 징계위원회에 회부했다. 이때 1982년 입사해 21년간 한진중공업에서 근무한 김주익 지회장의 월급은 기본급 108만 원이었다.

2002년 11월 금속노조 한진중공업 지회장에 재당선된 김주익은 조합원들과 함께 정리해고와 손해배상, 가압류에 저항하며 투쟁했지만, 회사의 완강한 태도는 변하지 않았다. 2003년 6월 11일 폭우가 쏟아지던 새벽, 85호 크레인에 오른 김주익은 끝내 살아서 내려오지 못했다. 경찰은 수시로 공권력을 투입했고, 노무현 대통령은 "죽음이 투쟁의 수단이 되는 시대는 지났다"며 절박한 노동자들의 투쟁과 죽음을 외면했다.

10월 30일 곽재규 조합원의 죽음이 더해진 후 마침내 11월 노사합의에 이를 수 있었다. 이때 맺은 특별단체협약 내용이 정리해고 철회와 임금인상, 유가족 보상, 그리고 다시는 구조조정을 하지 않겠다는 것이다. 이 합의로 1986년 이후 해고자 10명이 복직하지만, 김진숙만 예외였다.

2011년 회사는 다시 구조조정을 발표했고, 이번에는 김진숙이 김주익이 죽음에 이른 85호 크레인에 올라 309일간 투쟁해 막았다. 그러나 2020년 회사는 결국 매각을 발표했다. 조합원들은 또다시 구조조정의 두려움에 휩싸였다. 한진중공업은 더 싼 노동력이 되지 못하면 그만두라고 20년째 호통친다.

살다 보니 이런 날이 오는군요
1960년생 김진숙(한진중공업)

2003년 필리핀 수비크에 영도공장의 10배가 넘는 조선소를 세웠어요. 거기는 전원이 비정규직인데, 임금이 한국의 10분의 1밖에 안 돼요. 심지어 관리자도 비정규직이고요. 한진중공업은 영도공장을 팔아 수비크에 올인하고 싶은 거죠. 영도가 금싸라기 땅이 됐거든요. 회사가 650명을 자르겠다고 해서 2001년부터 2년을 싸웠어요. 무슨 공식처럼 삭발하고 단식하고 철야농성하고 상경투쟁하고. 그렇게 2년 만에 사장과 합의했어요.

그런데 회장이 그 합의를 번복했답니다. 2년을 싸워서 맺은 합의를 회장이 번복하면 노조 대표자는 뭘 해야 하겠습니까? 그날 밤 김주익 지회장이 85호 크레인에 혼자 올라갔어요. 그때는 희망버스도 트위터도 없었어요. 공장 문이 굳게 닫힌 채 집회 한 번 못 열었고요. 그러던 어느 날 금속노조 동지 3,000여 명이 정문을 뚫고 85호 크레인 밑에 모였어요. 그때 김주익 지회장의 첫마디가 '살다 보니 이런 날이 오는군요'였습니다. 얼마나 외롭고 쓸쓸했을까요? 2011년에 회사가 또 정리해고 한다고 해서 이번에는 제가 85호 크레인에 올랐습니다. 157일 만에 희망버스를 타고 온 동지들이 공장 담을 넘어 크레인 밑에 모였을 때 저의 첫 마디도 이거였습니다.

- 살다 보니 이런 날이 오는군요.

129일 동안 단 한 번도 교섭이 열리지 않았어요. 교섭을 요구하면 회사는 앵무새처럼 크레인에서 내려오라고만 했죠. 그리고 129일째 김주익 지회장이 크레인에서 목을 맸어요. 올라가서 보니 각각 날짜가 다른 유서를 세 번이나 썼더라고요. 얼마나 살고 싶었겠습니까? 7살짜리 딸래미가 써서 올려준 편지가 유서랑 같이 있었어요.

- 아빠 내려와. 힘들면 내려와. 내가 취직시켜줄게.

그 후 맺은 특별단체협약이 다시는 구조조정을 하지 않겠다는 거예요. 그 약속이 8년 만에 또 깨져서 400명을 자르겠다네요. 그 조합원들을 지키겠다고 20년 지기 김주익 동지를 잃었는데, 그럼 전 뭘 해야 할까요?

김주익 지회장이 목을 맨 난간을 지나 그의 시신이 놓여 있던 공간에서 309일간 있었습니다. 그리고 2020년 한진중공업은 다시 매각의 위협 앞에 놓여 있습니다. 이 자본가들의 한마디와 생각에 따라 수천수만 노동자의 생계와 생존권이 헌신짝처럼 버려지는 세상에 지금 우리가 살고 있습니다. 2020년 부산의 대우버스 노동자 400명이 잘렸습니다. 그 사람들 붙잡고 물어보세요. 다들 똑같이 하는 말이 있습니다.

- 우리 회사가 이렇게 될 줄은 꿈에도 생각 못 했습니다.

회사가 그간 잘나갔거든요. 버스 잘 팔렸거든요. 그런데 백
성학 회장이 베트남으로 회사를 이전하겠답니다. 더 싼 임금
을 찾아서요. 노동자에겐 그래도 되는 겁니다.

2011년 1월 6일 새벽 3시 한진중공업 85호 크레인에 오른 김진숙이 구조조정 중
단을 요구하며 309일간 고공농성을 벌였다.

7.
다양한 얼굴의 노예노동,
비정규직

1987년 노동자대투쟁으로 세력이 되며 등장한 노동자들은 기업별노조의 한계에 부딪혀 전노협을 건설했다. 전노협은 등장하면서부터 산업별노조(이하 산별노조)[10] 건설을 목표로 했고, 소속 사업장들이 민주노총에 가입하기 위해 1995년 해산했으나 산업별노조 건설의 목표가 민주노총으로 이어져 2001년 금속노조가 출범했다.

출범 후 금속노조는 주 40시간 쟁취 투쟁, 한미FTA 반대 투쟁, 야간노동 철폐 투쟁, 근골격계 산재 인정 투쟁 등 조합원들의 이해와 요구뿐 아니라, 전체 노동자계급의 인간다운 삶과 안전한 일터를 위해 투쟁해왔다. 그중 하나로 기획한 것이 불법파견 철폐 투쟁이다.

대한민국 근로기준법에는 '차별대우의 금지, 강제노동 및 폭행의 금지, 중간착취의 금지'가 명시되어 있고, 근로자의 참

---

10 기업별노조를 통해서는 노사관계와 교섭에 한계가 있음을 확인한 노동자들이 초기업노동조합을 산업별로 조직한다. 1998년 보건의료노조를 시작으로 2000년에 금융노조, 2001년에는 금속노조가 산업별노조로 전환했다.

정권에 의한 공민권 행사를 보장하고 있다.

제9조 (중간착취의 배제)

누구든지 법률에 따르지 아니하고는 영리로 다른 사람의 취
업에 개입하거나 중간인으로서의 이익을 취득하지 못한다.

이 조항에 따르면, 누구든지 간접고용의 형태로 비정규직을
고용할 수 없다. 예를 들면, 현대자동차(갑)와 노동자(을)의 계
약관계에 다른 사람이 중간에 개입하여 착취할 수 없다. 법을
지킨다면 직접고용만 가능하다. 김대중 정부가 노동을 유연
화하기 위해 근로자파견법을 도입하면서 근로기준법 제9조가
유명무실해졌다. 갑과 을의 계약관계에 중간착취를 열어준 것
이 파견법이다. 그럼에도 불구하고 제조업은 파견업을 허용하
지 않았다. 그런데 실제로 제조업 현장에는 현대자동차와 노
동자 사이에 사내협력업체가 개입하여 중간착취하는 파견업
이 만연하는데, 이를 불법파견이라 한다.

2016년 고용노동부가 발표한 고용형태 공시결과를 보면,
10대 재벌노동자 131만 명 가운데 비정규직 노동자가 38%로
49만8,000명에 이르고, 이 중 직접고용은 9만7,000명(7.4%),
간접고용은 40만 명(30.6%)이다.

회사가 법을 어기면서 간접고용의 파견노동자를 고용하는

이유는 사용자로서의 책임을 회피하기 위해서다. 예를 들어, 한국서부발전이 운영하는 태안화력발전소에서 2018년 김용균이 컨베이어에 끼여 사망했다. 안전관리를 제대로 하지 않은 한국서부발전의 책임이 당연하지만, 김용균은 사내협력업체 소속 노동자였기에 원청인 한국서부발전은 자신들의 잘못이 아니라고 주장했다. 그러나 사내하청업체는 인력관리만 할 뿐 태안화력발전소의 생산과 관련한 어떤 것도 결정할 실제 권한이 없다. 결국 2년 뒤인 2020년 태안화력발전소에서 또 다른 사내하청 노동자가 산업재해로 죽었다. 원청회사가 사용자의 책임을 회피하는 한 죽음은 반복될 수밖에 없다.

또 회사는 사내하청 노동자의 노동삼권을 박탈한다. 비정규직 노동자들이 노조를 만들면 업체를 폐업하면 된다. 사내하청 노동조합이 교섭을 요구해도 원청회사는 자신들은 아무 관련이 없다며 교섭을 해태한다. 하청 사장 역시 자신은 아무런 권한이 없으니 원청회사에 말하라고 우는소리를 한다. 사내협력업체 운영은 일상적인 구조조정 방안이다. 먼저 청소, 경비, 식당 등의 총무성 업무를 외주용역으로 전환하고, 다음으로 생산 영역에서 핵심 영역과 보조업무 영역을 나눠 보조업무로 구분된 공정을 불법파견으로 돌린다. 결국 정규직 일자리는 줄어들고, 비정규직 비율이 늘어난다. 이를 통해 비용이 절감되고, 이윤이 늘어난다. 실제로 불법파견으로 고용된 사내하청 노동자의 경우 정규직 임금의 절반 정도를 받으며 위험하고 노동강도가 높은 일을 수행한다.

2004년 금속노조는 불법파견 직접고용과 정규직화, 원하청 공동 임단협, 비정규직 조직화를 핵심 사업으로 확정했다. 5월 27일에는 실태조사를 바탕으로 59개 원청회사와 923개 하청업체에 불법파견 집단진정서를 노동부에 제출했다. 노동부는 이 중 대다수를 불법파견으로 판정했지만, 회사는 노동조합이 요구하는 교섭에 나오지 않았다. 노동부의 판결에도 직접고용으로 전환되지 않음을 확인한 비정규직 노조들은 근로자지위확인소송을 제기해 법원에서 누가 진짜 사장인지 다퉜다. 오랜 법정 싸움 끝에 2010년 대법원에서 울산비정규직노조가 제기한 최병승 노동자에 대한 판결이 승소했지만, 회사는 개별소송이라며 최병승만 정규직으로 고용했다. 이후로도 수십 번의 판결에서 사내협력업체 노동자는 불법파견으로 고용된 것이며 원청회사의 직원이 맞다고 했지만, 여전히 시정되지 않고 많은 사업장에서 다툼이 진행 중이다.

신자유주의 구조조정이 휩쓸고 지나간 노동현장에서 비정규직으로 입사한 여성노동자들이 있다. 김미희, 권수정, 박옥이는 자동차를 완성하는 대공장 사내하청업체에 입사해 노동조합을 만나 삶이 바뀌었다. 변주현은 현대중공업 사내하청업체에서 용접일을 하다가 노조에 가입했으나, 업체가 폐업하는 바람에 해고됐다. 세 명 모두 불법파견 노동자이고, 법대로 하면 정규직으로 고용됐어야 할 노동자들이다. 회사가 법을 지켰다면 다른 방식으로 노동조합을 만났을 것이고, 이런 삶을 살지도 않았을 것이다. 이 중 김미희만 정규직 노조 활동가들의 연대로 정규직이 되었다.

다들 정규직 됐는데, 너만 안 되면 되겠나
1981년생 김미희(기아자동차)

2002년에 고등학교를 졸업하고 기아자동차 광주공장 사내하청업체에 입사했어요. 자동차가 완성되면 외형 도장을 검사하는 터치업 업무를 했어요. 차에 스크래치나 틀어짐이 없는지 보는 일이죠. 그때는 10시간 교대근무였는데, 제가 일하는 부서는 40명 중 4명이 비정규직이었어요. 야간근무는 처음 해봤지만, 젊어서인지 그리 힘들진 않았어요.

저는 2003년 5월 1일에야 정규직이 됐어요. 남성 비정규직들은 이미 정규직이 됐는데, 저는 여성이라 안 된다고 했었거든요. 억울하더라고요. 하루는 퇴근해서 집에 왔는데, 아빠가 그러는 거예요.

- 너희 회사 인력관리 쪽 사람들이 찾아와서는 네가 남자들 틈에서 정규직이 되려 한다면서 말려 달라고 하더라.

- 그래서 아빠는 뭐라고 했어요?

- 우리 집은 딸만 넷인데, 그럼 우리 딸들은 평생 정규직 한 번 못하고 비정규직으로 살아야 하냐? 우리 딸이 알아서 할 테니 그냥 가라고 했지.

재밌죠? 하필 딸만 넷인 아빠가 회사 얘기에 화가 나서 쫓아내신 거예요. 회사 사람들이 집에까지 찾아왔다는 말을 들으니 오기가 생겼어요. 그래서 출퇴근 시간에 2공장 앞에서 피켓을 들고 선전전을 했어요. 같은 부서에서 일하는 정규직 노조 활동가들도 함께해줬고요.

- 다들 정규직 됐는데, 너만 안 되면 되겠나? 같이 하자.

솔직히 저 혼자였다면 창피해서 못 했을 거예요.

여기서 죽으나 라인에서 죽으나 똑같아
1973년생 권수정(현대자동차 사내하청업체)

2003년 3월 28일 노동조합을 만들었어요. 현대자동차 아산공장은 그랜저와 소나타를 만드는데, 정규직 2,400여 명과 비정규직 1,000여 명이 함께 차를 조립해요.

3월 중순쯤 저랑 같이 세화산업에 다니던 송성훈 씨가 월차를 신청하러 갔다가 과장이랑 다툼이 생겼어요. 과장이 예약이 다 차서 월차를 쓸 수 없다고 한 거예요. 송성훈 씨는 입사

한 뒤로 한 번도 월차를 써본 적이 없거든요. 그래서 왜 월차
도 못 쓰게 하냐고 항의하니까 과장이 밀었대요. 넘어지면서
탁자에 머리를 부딪혀 병원에 갔더니 뇌진탕이라고 해서 입
원을 했어요. 그런데 술에 취한 과장이 직원들 몇 명을 데리고
병원까지 쫓아와서 송성훈 씨를 잡고 칼로 아킬레스건을 잘
랐어요.

　다음 날 출근해서 일하다가 소식을 듣고 점심시간에 세화
산업 직원 100여 명이 모였어요. 양회삼 아저씨가 상황을 알
려주더니 어떻게 하면 좋겠냐고 물었어요.

　- 뭘 어떻게 해? 그냥 여기에 있어. 여기서 죽으나 라인에
들어가서 죽으나 똑같아.

　나이 많은 언니가 툭 던지듯 말했어요. 그래서 모두가 그 자
리에 그냥 있었어요. 점심시간이 끝나고 라인이 돌기 시작했
는데, 우리가 사무실에 있으니까 라인이 순차적으로 멈췄어
요. 이게 파업이라는 걸 나중에야 알았죠. 원청과 하청 관리자
들이 우리가 모여 있는 사무실로 몰려와 빨리 라인에 들어가
라고 위협했어요. 그러니까 빨간 투쟁조끼를 입은 정규직 노
조 간부들이 관리자들을 내쫓고 우리를 지켜주더라고요. 정규
직 동지들이 발 빠르게 연대해주지 않았으면, 그 파업이 계속
갔을까 싶어요. 불안한 마음으로 앉아 있는데, 현대자동차노
조 조직부장이 와서 대표가 누구냐고 물었어요. 우리는 서로

의 얼굴을 멀뚱멀뚱 쳐다볼 수밖에 없었죠.

　- 우린 대표가 없는데요.

　- 그럼 요구사항은 뭡니까?

　- 요구요?

　- 여러분이 지금 라인에 안 들어가고 여기에 앉아 있는 이유가 있잖아요. 그 이유, 요구요. 그걸 정리해서 주세요.

　- 아! 우리의 대표와 요구가 있어야 하는 거구나.

　저는 '요구'라는 말이 좋았어요. 이후 라인별로 대표를 한 명씩 뽑고, 칼에 찔린 송성훈 씨에게 산재 처리를 해줄 것, 월차 신청하려다 칼에 찔린 이유가 여유 인원이 없어서라고 하니 여유 인원을 확보해줄 것을 요구안으로 만들었어요. 그리고 다음 날 아침 8시에 라인이 아닌 사무실에 모이기로 약속하고 퇴근했죠. 세상에, 그 하룻밤이 얼마나 길고 심란하던지. 언니들과 전화 통화를 했는데, 라인에 들어가지 않으면 손해배상을 청구한다, 집을 날릴 거다, 결국 회사에서 잘릴 거다 등의 이야기들이 오갔어요. 다음 날 걱정을 가득 안고 사무실에 갔는데, 정말 한 명도 빠짐없이 다 온 거예요. 그냥, 너무 좋았어요.

　모여서 상황을 다시 듣고, 그 자리에서 버텼죠. 그러다가 점심시간 직전에 회사가 우리 요구를 다 들어주기로 했다는 소식을 들었어요. 이제 라인으로 돌아가자며 모두 일어서는데, 갑자기 눈물이 나는 거예요. 그 자리에 앉아 펑펑 울었어요. 너무 서러워서요. 우리가 그때 그랜저와 소나타를 63초에 한 대 만들었어요.

- 인원이 없으면 70초에 한 대를 만들면 되지 않을까? 63초에 한 대를 만들려고 월차 쓴다는 사람을 칼로 찌르다니. 우리는 겨우 이런 이유로 칼에 찔려도 되는 사람이구나!

그렇게 1주일 만에 번갯불에 콩 볶아 먹듯 노조 만들고, 6월에 해고됐어요. 그리고 10월에 구속되어 구치소에서 잠깐 살고 나왔어요. 순식간에 인생이 스펙터클해졌죠.

2003년의 빚을 2011년에야 갚았어요
1978년생 박현희(금속노조 법률원)

금속노조 법률원에 노무사로 입사해 맡은 업무 중 기억나는 게 현대자동차 아산공장 사내하청 사건이에요. 당시는 비정규직 투쟁을 막 시작하는 단계였어요. 2003년 현대차 아산공장 비정규직 노동자가 월차 신청을 했다는 이유로 식칼 테러를 당했어요. 정말 충격이었죠. 전태일 열사가 사는 시절도 아니고, 정당한 권리를 사용하는데 식칼 테러라니, 말도 안 되잖아요. 그 일을 계기로 조직된 아산공장 사내하청지회의 징계 사건들을 제가 맡았어요.

그중 절반 정도만 부당해고 판결을 받았는데, 제가 너무 초보라 그런가 싶어서 죄책감이 들더라고요. 당시는 원청인 현대자동차에 책임이 있다는 생각을 못 할 때였어요. 그래서 하청 사장만을 상대로 법적 다툼을 했죠. 그때의 고민이 모여 2004년 금속노조가 불법파견 투쟁을 기획하고, 현대자동차를 시작으로 많은 곳의 불법파견을 고소, 고발했어요. 그리고 마침내 10년 후인 2010년에 대법원이 불법파견을 인정했어요. 그동안 원청의 사용자성, 즉 원청회사가 하청노동자의 실질적인 사용주라는 것을 인정받는 논리를 만드는 게 참 힘들었죠.

2010년 현대자동차 사내하청 노동자 최병승 동지가 불법파견을 인정받은 뒤 비정규직 조합원들이 현대자동차 울산공장, 아산공장, 전주공장에서 투쟁했어요. 울산공장에서는 40일간 점거투쟁도 했고요. 이에 법률팀이 꾸려지고, 제가 아산공장을 담당했어요. 9개 사내하청업체 노동자들이 대부분 불법 파업으로 해고나 정직을 당한 상태였죠. 원청이 출입증을 회수하고 공장 출입을 막아서 법적으로 싸우기 시작했어요. 그때 박스에 담긴 사측 서면이 사무실 천장에 닿을 정도였어요. 60일 이내에 열리는 심문회의를 준비하기 위해 수많은 박스에 든 자료를 다 살피고 서면을 작성해 지노위에서 모두 이겼죠. 아산공장이 제일 먼저 이기고, 울산공장과 전주공장도 차례로 이겼어요. 그렇게 대규모 사건은 처음이라 엄청나게 부담됐는데, 10년 후 좋은 결과가 나와서 보람이 있었어요. 2003년의 빚을 2011년에 갚은 기분이었죠.

저도 노동조합 조합원이니까요

1965년생 박옥이(한국지엠 사내하청업체)

한국지엠 부평공장 사내하청업체에서 쉐보레를 조립하고 있어요. 전체 하청업체 직원은 80명이고, 주야로 나뉘어 40명씩 교대근무를 해요. 입사 후 배치된 업무는 여성 넷이 하는 일이었는데, 신차가 나오면서 그 공정이 없어졌어요. 회사에서 나가라고 해서 함께 일하던 여성들은 다 그만뒀는데, 저는 그럴 수 없었어요. 돈도 벌어야 하고, 나이가 많아서 다른 데 취직하기 힘들거든요.

남자들과 똑같이 교대로 일하는데, 제가 키도 작고 힘이 없어서 따라가기 힘들었어요. 누구나 처음에는 서툴잖아요. 그런데 물어보면 화만 내고 잘 가르쳐주지도 않고, 부품을 집어던지거나 소리를 질렀어요. 회사는 면담할 때마다 나가라고 하고요. 그래서 노조에 가입했어요. 혼자 버텼으면 결국 나갔거나 골병이 들었겠죠.

노조에 가입하니까 식당에서 피켓을 들고 서 있자는 거예요. 저의 억울함과 회사의 거짓말 등을 알려야 한다고요. 여기는 남자들이 많은 곳인데, 식당에서 그러면 손가락질당할 것 같고, 아직은 너무 어색하고 부끄러워요. 우리 조합원들은 참 대단해요. 처음에는 그 사람들 보면서 왜 저러나 싶고, 좀 무서웠어요. 일도 안 하고 자꾸 파업하는 것도 이상했고요.

 - 임금이 얼마 되지도 않는데, 저렇게 자주 빠져서 어떻게 생활할까?

그런데 이제는 조금 알겠어요. 저를 위해 노조가 같이 싸워주고 집회나 파업도 하는데, 저 때문에 조합원들에게 피해가 가는 것 같아 미안해요. 제가 이런 말을 하면, 나중에 회사가 조합원들을 부당하게 괴롭히면 같이 싸워주면 된다고 해요. 당연히 같이해야죠. 저도 노동조합 조합원이니까요.

저는 꿈도 못 꿀 일이에요
1994년생 변주현 (현대중공업 사내하청)

2019년 7월 24일 같이 일하는 형님이 한 달 후 회사가 폐업한다고 적힌 공고문을 가져와 보여줬어요. 처음엔 믿을 수가 없었죠.

 - 회사가 없어지면 아르바이트를 해야 하나? 당장 어디서 일자리를 구하지?

그러다가 결국 폐업했는데, 2주가 지나도 퇴직금과 임금을 안 주는 거예요. 정말 화가 났어요. 그래서 매일 출근시간에 피켓 시위를 하고, 점심시간엔 식당에서 선전전을 했어요. 9월 11일에는 지회 간부와 조합원 30여 명이 원청인 현대건설기계 본관으로 갔어요. 우리의 임금과 퇴직금을 원청이 책임지라고 했죠. 원청 관리자들이 왜 여기 와서 따지냐며 자신들과는 상관없다고 해서 한참을 다퉜어요. 그리고 나오는데 문 앞에 바리케이드를 치더니 관리자들과 경비들이 하이바에 안전화까지 신고 완전무장해 몰려오더라고요. 저는 그토록 많은 경비를 처음 봤어요. 그리고는 고작 30여 명인 우리를 에워쌌어요.

　- 야, 출입증 다 뺏어!

　관리자 한 명이 경비들에게 지시한 순간 난리가 났죠. 오토

회사가 갑자기 사라졌다. 변주현은 우리가 안 보이면 아무 일도 없던 것처럼 모두 잊을 거라고, 그래서 눈에 띄어야 한다고 생각했다.

바이를 타고 있던 저는 쪽문으로 겨우 나왔는데, 다른 형님들은 오토바이 키와 가방을 빼앗겼어요. 우리가 출입증을 가지고 있으면 또 들어와 항의할까 봐 그런 거예요. 이영락 대의원은 밖으로 나와서도 경비에게 멱살이 잡혀 폭행을 당했어요. 그걸 말리기 위해 저와 조합원들이 달라붙었는데, 경비들이 더 몰려와서는 그를 내동댕이쳤어요. 경비 여럿에게 맞던 한 조합원은 저항하다가 펜스가 떨어져나가서 까딱하면 낭떠러지에 굴러떨어지겠더라고요. 이런 식이면 우리를 죽일 수도 있겠구나 싶었어요.

다음날부터 모든 식당에서 아침·점심 선전전을 했는데, 다시 경비들이 몰려왔어요. 정문이 뚫렸다며 이를 바득바득 갈면서요. 그 후부터 경비가 삼엄해져서 정문에서 한 명씩 세워놓고 출입증 검사를 했어요. 그래서 정문 맞은편 신호등 앞에서 대기하다가 사람들이 많이 들어가는 틈을 타 우르르 들어갔어요. 붙잡히면 어쩌나 싶어서 가슴이 두근거렸죠. 하도 불안해서인지 어떤 날은 경비에게 잡히는 꿈, 어떤 날은 출입증을 빼앗기는 꿈도 꿨다니까요. 아침에 머리를 감으면 머리카락이 한 움큼 빠져서 하수구 구멍에 가득할 정도였어요. 너무 무서웠지만, 매일 아침 들어가 선전전을 했어요.

- 우리가 여기 있다! 나는 억울하다!

원청 관리자들이 우리를 계속 신경 쓰게 만들고 싶었어요.

우리가 안 보이면 아무 일도 없었던 것처럼 모두 잊어버릴 거 잖아요. 그래서 눈에 보여야 한다고 생각했어요. 정문 안으로 만 들어가면 정규직 노조도 있고 선전전도 할 수 있으니 기를 쓰고 들어갔죠. 조합원 중에 저만 여자예요. 저는 노랗게 염색 하고 눈에 띄는 오토바이를 타고 다녀요. 그래서인지 경비들 이 저만 안 잡는 거예요.

　- 경비들이 날 못 알아보나? 이렇게 열심히 하는데.

　다른 사람들은 경비들에게 잡혀서 못 들어오는데, 저는 안 잡으니까 우습게 보나 싶어서 좀 서운하더라고요. 하하.

　정문 앞 천막에서 132일째 농성 중이에요. 조합원들끼리 돌 아가면서 천막에서 자는데, 한 달에 한두 번 제 순서가 와요. 다행히 공원 화장실을 사용하지만, 생리할 때는 불편해요. 저 는 생리통이 심해서 늘 약을 가지고 다니거든요. 농성할 때는 여성의 몸인 게 짜증나고 귀찮아요. 남자친구는 저 혼자 여자 니까 농성장에서 자는 걸 빼달라고 하래요. 그래서 말했죠.

　- 여자라고 혜택받듯이 나 혼자 빠지기 싫어.

　경비에게 맞는 것도 두렵지 않고 삭발할 수도 있는데, 생리 기간에는 우울해질 때가 있거든요. 다 남자들이라 이런 얘기 는 못 하죠.

　8월 24일 폐업 이후부터 매일 출근 선전전을 하고, 노조 사 무실에서 교육도 받고, 투쟁 사업장에 연대하러 다녔어요. 아사히 비정규직, 톨게이트 노동자, 현대자동차 비정규직, 동구청 CCTV관제센터 요원, 중앙병원 등 하도 많이 다녀서 우리도 이제 많이 알려진 것 같아요. 더 분발해야죠.

가장 인상 깊었던 강의는 김진숙 동지의 살아온 이야기를 들었을 때예요. 그분은 35년간 투쟁했대요. 크레인에서의 고공농성도 309일간 했고요. 제 나이에 시작해 세월이 그렇게 간 거예요. 홀로 그렇게 투쟁했다는 얘길 듣고 정말 감명받았죠. 저는 꿈도 못 꿀 일이에요.

연대투쟁 중 가장 인상 깊었던 건 중앙병원 민들레분회 청소노동자들과 함께했을 때예요. 우리보다 인원도 적고 상황이 열악해서 너무 안타까웠죠. 연대투쟁을 더 열심히 해야겠다는 생각이 들었어요. 아주머니들만 있는 사업장이라 분위기가 밝아서 보기 좋아요.

우리 조합원 아저씨들은 오랫동안 해온 일이 용접이에요. 혼자서 하는 일이어서 다 같이 어울려 뭔가를 하는 게 어색하고 익숙하지 않아요. 노조 때문에 말도 섞는 거지, 언제 서로 얘길 해봤겠어요. 지금은 노조 활동하면서 아주 친해졌어요.

*

현대자동차를 판매하는 노동자들도 정규직으로 고용됐어야 할 노동자들이다. 그들은 생산공장에서 일하는 노동자들과 다른 법적 다툼을 하는데, 간접고용이 아닌 특수고용으로 분류되기 때문이다. 특수고용은 회사와 근로계약을 맺는 것이 아니라 위임계약 또는 도급계약을 맺고 수당으로 임금을 받아 자영업자로 분류된다. 노동자가 아닌 자영업자이기에 노동삼권, 근로기준법, 산재보험을 적용받지 못한다. 그들이 법의 사각지대에서 20년 넘게 노동자가 아닌 사장으로 간주되어 인권이 침해당했다고 주장하며 싸운 덕분에 최근에는 일부 노동권을 인정받았다.

또한 노동조합에 가입하면 제일 먼저 '내가 노동자'임을 법적으로 다퉈야 하며, 자영업자라는 이름의 노예노동을 강요당한다. 여기서는 먼저 김경희의 사례를 살펴본다. 특수고용노동자가 어떻게 특수한 노예노동을 강요당하는지는 11장 김진희의 사례로도 확인할 수 있다.

'사번 삭제'라는 이름의 해고
1968년생 김경희(현대자동차 판매 비정규직)

2011년 현대자동차 경산 남부 대리점에 비정규직으로 입사했어요. 그전에는 기아자동차 정규직으로 판매 일을 하다가 퇴직하고 5년 정도 개인사업을 했어요. 기아자동차에서 정규직으로 일할 때와 지금이랑 비교하면, 근무시스템은 동일한데

이익분배율이 달라요. 비정규직은 차량 판매에 대한 수수료 마진으로 급여를 받고, 정규직은 고정급여가 정해져 있어요. 그래서 실제로 비정규직이 판매량이 많아요. 정규직은 관공서, 조달청, 공공기관에 고정적으로 납품하고 실적을 올릴 수 있어요. 우리는 마진이 없어서 그런 데 팔 수가 없고요. 비정규직은 고정급여 없이 마진이 급여인데, 마진 없는 차를 뭐하러 팔겠어요. 우리는 택시도 못 팔아요. 택시나 20t 특장차는 정규직이 파는 거죠. 시스템 자체가 그래요.

회사가 수시로 협박하고 위협하는 게 싫어서 노조에 가입

회사의 협박이 싫어 노조에 가입한 김경희. 감금당하고 반성문 제출을 강요받아도 굴하지 않자 해고됐다.

했어요. 우리 영업소 직원이 9명인데, 노조에 가입하지 않겠다는 각서를 쓰지 않으면 우리 중 한 명을 '사번 삭제'하겠다고 협박했거든요. 사번은 고유번호인데, 이게 삭제되면 전산 시스템에 접속도 못 하고 차를 팔 수 없어요. 즉 해고한다는 얘기예요.

2018년 11월 초에 전체 직원 9명 중 8명이 금속노조 판매연대에 가입했어요. 제가 노조 활동하는 걸 회사가 알고는 저를 감금하고 반성문 제출을 강요했어요. 당연히 저는 거부했고요. 그리고는 2019년 1월 14일 아침에 출근했는데, 실적 부진이라며 사번 삭제했더라고요. 물론 실적 부진은 말도 안 되는 얘기죠.

*

구로공단은 1964년 수출산업단지로 조성되기 시작해 1970년대 후반에는 약 11만 명이 이곳에서 일했다. 1980년대부터는 재벌이 주도하는 중공업 산업단지로 변화했지만, 산업구조가 바뀌면서 입주 기업들이 하나둘 줄기 시작해 1995년에는 4만2,000명까지 줄었다. 2000년대에 들어 정부가 IT첨단산업단지로 육성하면서 2016년 10월 기준 9,416개 업체가 입주해 8,394개 업체가 가동 중이며, 소속 노동자는 15만1,106명에 달한다. 그러나 아파트형 공장으로 채워진 공단에는 영세한

기업과 전자부품업체가 난립해 파견업을 통한 비정규직을 양산하고 있다.[11]

2005년 6월 30일 남부지역공대위는 기륭전자와 휴먼닷컴을 불법파견으로 노동부에 진정했다. 7월 4일 기륭전자에 노동조합이 설립되고 교섭을 요구하자 회사는 상견례만 한차례하고 교섭을 미뤘다. 8월 3일 노동부가 불법파견이라고 판결했지만, 회사는 8월 18일 근속 1년 미만자 16명을 계약해지했다. 이에 노조는 8월 24일에 해고 중단, 대표이사 성실교섭, 정규직화를 요구하며 전면파업에 돌입했다. 10월 11일 회사가 직장폐쇄를 하고, 10월 17일 새벽 6시에 공권력을 투입해 농성 조합원 전원을 연행하고 2명을 구속했다.

이후 기륭전자 조합원들은 2008년 시작된 1,895일의 투쟁으로 회사와 복직에 합의할 때까지 해마다 고강도 투쟁을 결의하며 연대운동의 새 지평을 열었다.

기륭전자 투쟁을 생각하면, 가장 먼저 김소연의 90일이 넘는 단식투쟁이 떠오른다. 구로공단의 작은 사업장에서 여성노동자들이 올바르지 않은 세상의 질서를 바꾸는 방법이 무엇이었을까? 기륭전자 조합원들은 반복해서 생존을 걸며 깃발이 되는 투쟁을 했다. 직장폐쇄로 전 조합원이 공장에서 밀려

---

11   전국민주노동조합총연맹, '2017년 비정규직노동운동사'.

난 뒤에도 복직해 현장으로 돌아가겠다는 절박함이 점거투쟁, 고공농성, 단식으로 이어졌고, 이에 사회적 연대가 답하며 수많은 시민과 예술인이 발 벗고 나섰다.

2013년 5월 2일 10명의 조합원이 노사합의에 따라 현장에 복귀했지만, 회사는 그들에게 업무를 주지 않았다. 회사는 8월 "일하지 않으면 직원으로 볼 수 없다"는 입장을 밝혔고, 노조는 8월 29일 '사회적 합의의 실질적 이행과 경영 투명성 보장'을 요구하며 다시 투쟁에 돌입했다. 이에 회사는 12월 30일에 야반도주하고, 2014년 노조는 회사가 야반도주한 사무실에서 358일간 철야농성을 벌였다. 이때부터 기륭전자 조합원들은 더 이상 단위사업장의 문제로 머물 게 아니라 문제의 근본 원인인 비정규직 철폐를 위해 투쟁하기로 결정했다. 12월 정부가 비정규직종합대책을 발표하며 비정규직 확산을 추진하자, 12월 22일 노조는 '오체투지 행진'을 시작으로 사회적 투쟁의 전선에 섰다. 2015년 기륭투쟁 10년 평가 과정에서 비정규직 노동자 쉼터를 제안했고, 각계각층이 참여해 2017년 비정규 노동자의 집 '꿀잠'을 열었다. 이를 통해 기륭전자 조합원들은 비정규직 철폐를 위한 사회 연대투쟁을 여전히 진행 중이다.[12]

수십 년 같은 30분

1970년생 김소연(기륭전자)

2003년 기륭전자에 입사했어요. 주말이고 휴일도 없이 매일 일했죠. 명절에도 특근했다니까요.

　- 저는 특근 못 합니다.

　그때까지 아무도 이 한 문장을 말한 사람이 없었던 거예요. 기륭전자에서 특근 안 하고 쉰 사람은 제가 유일했어요. 부당한 업무를 강요하고, 산전산후 휴가도 없고, 휴가 쓴다고 하면 그만두게 하니까 같은 부서 동료끼리 이에 대한 불만을 이야기했어요. 회사가 그걸 눈치채고 우리 부서를 없애버리더라고요. 처음에는 섭섭했는데, 오히려 이게 전체 부서 사람들과 친해지는 계기가 됐어요. 노동조합 만들 때도 도움이 됐고요.

　2005년 7월 입사 3년 차에 기륭분회 노동조합을 만들고, 구로공단에서 파견노동자를 조직한 1호 사업장이 됐어요. 당시 기륭전자에는 생산직 300명 중에 정규직 15명, 계약직 35명, 파견직 250명이 있었어요. 이 중 180명이 노동조합에 가입했죠.

12　기륭 비정규 여성노동자 승리를 위한 공동대책위, '2015 기륭전자분회 투쟁 10년 평가토론회 자료집'.

노조 만들 때는 소문나면 안 되니까 정말 조심했어요. 쉬는 시간 30분 전에 주변 사람들에게 10시에 휴식시간 종 치자마자 2층 제 자리에서 모이기로 했어요. 기다리는 그 30분이 정말 수십 년 같았어요. 노조 준비 모임을 했던 동지들은 30분 전부터 노조 가입원서를 품에 안고 먼저 와서 기다리고 있었어요. 그리고 10시가 됐는데, 너무 조용한 거예요. 1~2분 지나자 갑자기 우당탕 올라오는 소리가 들리더라고요. 그날 180여 명이 노조에 가입했어요. 시간 맞춰 작업대에 앉아 있지 않으면 해고되는데도 그날은 사람들이 안 가고 노조 가입원서를 썼다니까요.

회사가 어떻게 나올지 궁금해서 현장 라인을 도는데, 분위기가 너무 좋았어요. 이후 점심시간이 지나고 관리자들이 저를 불렀어요. 가보니 이사들과 부장들이 다 와 있더라고요. 제가 먼저 말을 꺼냈죠.

- 노동조합 무서운 거 아니니까, 잘해봅시다!

그랬더니 황당해하더라고요. 누가 주동자인지 물어보려고 부른 건데, 제가 대뜸 잘해보자고 하니 황당했던 거죠.

노동조합 만들고 다 좋아졌어요

1962년생 박행란(기륭전자)

2004년 3월 기륭전자에 입사해 내비게이션과 라디오 시리우스를 조립했어요. 아무도 제게 얘길 안 해서 저는 노조가 만들어지는지 몰랐어요. 그런데 그날 분위기가 이상한 거예요. 점심시간이 40분인데, 밥 먹고 나서 현장에 사람들이 없더라고요. 느낌이 이상해서 2층에 올라갔어요. 그랬더니 사람들이 노조 가입원서를 쓰며 시끌벅적했어요. 당연히 하는 거라는 생각이 들어서 저도 가입원서를 썼어요. 기륭전자 들어가기 전에 여기저기서 많이 일해봤는데, 같이 일하는 사람들끼리 무시하고 그런 게 싫더라고요. 그래서 노조에 가입했어요.

노조 만들고 나니 하다못해 자동판매기 커피값도 내리고 좁은 탈의실에 선풍기도 달아주고, 그런 것들이 다 좋았어요. 하고 싶은 말도 다 할 수 있고요. 현장점거 할 때는 밥을 안 주면 식당에 가서 대범하게 항의도 했어요. 그런 용기가 어디서 나왔겠어요? 그동안 참았던 게 분노로 표출된 거죠. 아이 학교에 가느라 휴가 냈다고 해고하고, 리모컨을 빠뜨리고 포장했다고 해고하는 거 보면서 억울한 동료들을 위해 할 수 있는 게 없어서 미안했거든요. 그런데 노조가 있으면 좋을 것 같아서 가입한 거예요.

나중에 투쟁이 오래가다 보니 다들 수입이 없었는데, 그걸 이끄는 간부들이 참 잘했어요. 재정사업에 주점에, 정말 악착같이 했어요. 그런데 한편으론 슬프기도 했어요. 재정사업으로 명란젓과 오징어젓을 광천에서 깡통으로 떼어와 작은 통에 나눠 담아 배달했어요. 한 조합원은 젓갈 통을 들고 어두운 골목을 꼬불꼬불 걷는데, 눈물이 났다고 하더군요. 그런 얘길 들으면 정말 슬펐어요. 이렇게까지 해야 하나 싶어서요. 저는 해고된 뒤 보험을 해약해 살았는데, 다른 사람들은 교통비 아끼려고 걸어 다녔대요. 그래도 노조가 재정사업 해서 조합원들 생활에 보탬이 됐어요.

3일 만에 끝날 줄 알았어요
1970년생 유흥희(기륭전자)

노조를 만든 7월은 추석을 앞두고 물량을 많이 뽑을 때였어요. 그리고 8월 24일 공장 점거 농성에 들어갔어요. 요구사항은 원청인 기륭전자가 우리를 직접 고용하고 책임지라는 것이었어요. 이미 노동부도 우리가 기륭전자의 정규직이라 판결했는데, 도급으로 이름만 바꿔서 비정규직으로 채용한다는 데에 절대 동의할 수 없었거든요. 회사가 8월 말 해고를 통보한 상황이어서 잘리기 전에 싸우기로 한 거예요. 55일간 공장을 점거했고, 남부지역지회가 정말 고생했어요. 머리띠가 없어서 하얀 부직포를 찢어 빨간 매직으로 '불법파견 철폐'라고 써서 맸는데, 연대하러 온 동지들이 20년 전 구로동맹파업 때랑 비슷하다며 웃더라고요.

안 무서운 척했지만, 초반에는 구사대가 정말 무서웠어요. 용역깡패가 많을 때는 60여 명, 적을 때는 20여 명이 공장에 상주했어요. 9월에 물량을 막는 쇠사슬 투쟁을 할 때는 추석 전날 용역깡패가 들어와 모든 통로와 문을 차단했어요. 그들에게 밟히고 쓰러지며 아수라장이 된 통에 엄지발톱이 빠졌는데도 몰랐어요. 상황이 정리되고 동지들이 발에 피가 난다고 해서 봤더니 양말이 젖어 피범벅이더라고요. 싸움 과정을 캠코더로 찍던 오석순 조합원은 용역깡패에게 목이 졸려서 한 달간 병원에 입원했고요. 한바탕 싸우고 병원에 다녀와서는 그래도 추석이니 제사라도 지내자면서 송편도 빚고 전 부치며 깔깔 웃었어요. 남들이 우릴 보면 미쳤다고 할 거라면서요. 그렇게 조합원들 모두 밝았어요. 물론 농성장에서 명절 제사를 지내는 건 좀 슬프고 착잡했지만요. 8월 말에 파업 시작할 때는 3일이면 끝날 줄 알았는데, 추석까지 이어오니 마음이 좋을 수만은 없었죠. 그래도 태어나서 처음으로 파업이란 걸 재미있게 잘했어요.

8.

오래 다니고 싶은 회사?
노동조합 있는 회사!

노동자가 회사에 취직해 일하다가 부당한 일을 당하면 어떻게 할까? 그냥 참을 수도, 관리자에게 따지며 싸울 수도 있다. 노동부에 찾아가 상담도 해보고, 열 받으면 회사를 그만두기도 하고, 여기저기 물어보다가 노동조합을 만들기도 한다. 대부분 '참다 참다 못 해' 노동조합을 만든다. 아직은 노동조합에 대해 부정적인 인식이 많다 보니 '아무 일 없이, 멀쩡한 회사'에 노동조합이 생기는 경우는 거의 없다.

대한민국 헌법은 노동삼권, 즉 노동자의 단결권, 단체교섭권, 단체행동권을 보장한다. 이 중 단결권이 바로 노동조합을 만들 권리다. 단체교섭권은 노동조합으로 단결한 다음 회사와 대등한 지위에서 교섭할 수 있는 권리다. 단체행동권은 교섭에서 합의에 이르지 못 했을 때 파업할 수 있는 권리다. 그래서 통상 파업권이라 부르기도 한다.

사실 아무 일 없이, 멀쩡한 회사에 다니면서 노동조합을 만들어야 한다. 참고 참다가 할 수 없이 노조를 만들 게 아니라, 노동해서 임금을 받는 노동자라면 이미 만들어져 있는 노동조합에 가입하거나, 동료들과 함께 노동조합을 만드는 게 좋다. 세상에 노조가 없어도 되는 회사는 없기 때문이다. 생산현장은 늘 이해관계가 대립한다. 노동자는 한 푼이라도 더 많은 임금을 받고 싶고, 회사는 한 푼이라도 더 많은 이윤을 남기고 싶다. 노동자는 더 짧은 시간 일하고 싶고, 회사는 10분이라도 더, 이왕이면 임금을 주지 않으면서 일을 시키고 싶다. 노동자는 다치거나 죽지 않으며 일하고 싶고, 회사는 노동자가 다치거나 죽어도 다른 사람이 와서 일하면 그만이라고 생각한다. 노동자가 다치고 죽는 것이 회사의 이윤을 줄어들게 하지 않는 한 회사는 관심이 없다. 아니, 노동자가 다치고 죽지 않도록 개선하려면 돈이 들고 이윤이 줄기에 노동자가 다치거나 죽는 것을 방치한다. 그것이 노동자가 최소한의 방패막이로 노동조합에 가입해야 하는 이유다.

그래서 회사는 노동조합을 싫어한다. 임금을 더 달라 하고, 노동시간을 단축하라 하고, 사람이 죽으면 책임을 지라 하고, 더는 죽지 않게 재발 방지를 요구하니 이 모든 게 이윤을 줄어들게 하는 요인이기 때문이다. 삼성 창업주 이병철은 "내 눈에 흙이 들어가기 전엔 노동조합은 안 된다"고 했다. 저임금과 장시간 노동에 사람을 죽도록 방치하면서 이윤을 남기기 위해 목숨을 걸겠다는 극적인 표현이다. 이병철의 생각과 다르게 안전한 현장에서 높은 임금과 사람대접받으며 일하고 싶다면, 지금 당장 노동조합의 문을 두드려야 한다.

노동조합에 가입하는 것은 어렵지 않다. 민주노총에는 16개 가맹조직과 16개 지역본부가 있다.[13] 이 중 가까운 곳에 있는 사무실을 찾아가 상담하면 된다. 가장 쉬운 방법은 '민주노동조합총연맹' 사이트에 안내된 번호로 전화하는 것이다.

회사는 노동조합을 끔찍하게 싫어한다. 이윤이 줄어서 싫을 뿐 아니라, '감히 공장에서 일하는 천한 놈들이 나와 대등하게 교섭하자고 요구하고, 내가 저따위 것들 눈치를 봐야 한다니'라고 생각하는 사장들도 많다. 그래서 자기가 운영하는 회사에 노조가 생기면 어떻게든 교섭에 나오지 않으려 회피하고, 가장 치사한 방법으로 조합원들을 괴롭히고, 자기 맘에 드는 관리자들 중심으로 어용노조를 만들어 민주노조 조합원들을 사람 취급하지 않는 방식으로 탄압도 한다. 때로는 용역깡패를 고용해 폭력적으로 짓밟는다. 이쯤 되면 돈이 아닌 자존심 문제가 된다. 천박한 건 헌법에 보장된 권리를 행사하는 내가 아니라, 이윤을 위해 타인의 존엄을 무시하는 사장임을 확

---

13   16개 가맹조직: 건설산업연맹, 공공운수노조, 공무원노조, 교수노조, 금속노조, 대학노조, 민주여성노조, 민주일반연맹, 보건의료노조, 비정규교수노조, 사무금융연맹, 서비스연맹, 언론노조, 전교조, 정보경제연맹, 화학섬유연맹. 16개 지역본부: 서울본부, 인천본부, 경기본부, 대전본부, 세종충남본부, 충북본부, 경남본부, 경북본부, 울산본부, 부산본부, 광주본부, 전북본부, 전남본부, 대구본부, 강원본부, 제주본부.

인해야 하는 상황이 오기도 한다. 그리고 인간은 모두 평등하다고 학교에서 배운 것을 몸소 검증하는 노동자의 삶을 살게 된다.

노동조합 가입한 뒤로 회사가 무섭지 않았어요
1962년생 이필자(레이테크코리아)

2011년 견출지와 스티커 등 문구용품을 만드는 레이테크코리아에 입사했어요. 저는 포장 업무를 담당했고요. 면접 볼 때 이 회사는 정년이 없어서 다니고 싶을 때까지 다니면 된다고 해서 좋았어요. 제가 쉰에 입사했거든요. 그래서 여기서 정년을 맞아야겠다고 생각하고 열심히 일했죠. 그런데 늘 최저임금에, 모든 공휴일이 연차 대체였어요. 여름휴가나 설날도 다 연차를 까니까 마이너스 연차인 거예요. 월차는 아예 없었고요. 입사할 때 무슨 서류에 사인하라고 했는데, 그게 공휴일을 연차로 대체하는 동의서였음을 나중에야 알았어요.

　하루는 경리과장이 불러서 갔더니 갑자기 계약직 근로계약서를 주면서 사인하라는 거예요. 그걸 안 썼더니 이번에는 소정근로계약서라는 걸 내밀더라고요. 하루에 5시간 일하고 그만큼만 임금을 받는다는 내용이었어요. 계약직보다 더 나쁜 거였죠. 그래서 금속노조와 상담하고 2013년 6월 4일에 노동조합을 만들었어요.

이후 1차 교섭에서 모든 현장의 CCTV 제거, 계약직 철회, 연차 보장 등을 요구했어요. 교섭 후 보고대회에서 67명이 한자리에 모여 환호하는 걸 보면서 이래서 노동조합이 필요한 거구나 싶었어요. 노조에 가입한 뒤로 더는 회사가 무섭지 않았어요. 자신감도 생기고, 의욕이 충만했죠. 노조 만들고 처음으로 여름휴가를 돈 받고 간다고 다들 엄청나게 좋아했어요.

잠을 안 자도 피곤하지 않았어요
1976년생 변혜진(금호HT)

2015년 제가 입사했을 때는 노동조합이 없었어요. 12시간 동안 화장실도 참으면서 늘 허덕이며 일하는 게 정말 힘들더라고요. 그래서 오래 다닐 수 있는 회사를 만들고 싶어서 노조를 만들었어요. 우리 라인에는 24명이 일해요. 노조를 만들기 위해 월 2회 주말에 교육하고 회의하고, 매일 저녁 사람들을 만났어요. 비밀이 지켜질까 싶었는데, 무사히 노조를 만들 수 있었죠.

쟁점은 주 52시간 노동이었어요. 우리는 12시간 맞교대라 무조건 주 52시간 넘게 일하는데, 회사는 10시간만 유급으로 계산해줘요. 상여금도 1200%에서 400%까지 떨어지고, 기본급에 산입했고요. 그래서 다들 불만이 많았죠.

저녁 6시에 식당에 모여 노조 가입원서를 쓰기로 했어요. 기다리는 내내 심장이 뛰어서 우황청심환을 하나씩 먹었어요. 그리고 전 직원에게 노조 가입을 권유하는 예약문자를 7시에 맞춰 걸어놨어요. 7시가 되자 조끼를 꺼내 입고 식당에 모인 직원들에게 가입원서를 나눠주며 앞에 나가 발언했어요. 그때부터 사방에서 전화가 오더라고요. 옆 라인 회식 자리와 볼링장에도 가서 가입원서를 받았어요. 모바일로 가입한 사람도 있어요. 누군가 가입하면 제 컴퓨터 엑셀 화면에 떠요. 그걸 밤새 보고 있었죠. 새벽 2시에 친한 동료가 가입하길래 바로 전화했어요.

- 너, 왜 이제 가입해?

- 고민하느라.

- 이런 걸 뭘 고민해?

- 그런데 내가 가입한 걸 누나가 어떻게 알아?

그때는 잠도 안 오고, 잠을 안 자도 피곤하지 않았어요.

최순실 때문에 만들어진 노동조합
1972년생 김선이(신영프레시젼)

2007년 구로공단에 있는 신영프레시젼에 비정규직으로 입사했어요. 그리고 2년 후에 주야간 교대근무가 도입되면서 정규직이 됐어요. 우리 회사는 LG전자 핸드폰을 만드는 1차 하청업체였어요. 그런데 잘나가던 LG 핸드폰이 밀리면서 2017년경에 베트남으로 이전해 물량이 줄었죠. 입사 당시에는 회사 건물이 4채나 됐고, 직원이 700명 정도였어요. 연매출은 2,000억 원이 넘었고요. 그렇게 성장해 독산동에 건물도 사고, 잘나가던 회사였죠.

2017년 12월 3일 10년 만에 노동조합을 만들었어요. 당시 최순실이라 불리던 반장이 있었어요. 그 사람은 자기 말을 잘 듣는 사람만 잔업 특근시키고, 마음에 안 드는 사람은 청소시키고 벽 보고 앉아 있으라는 등 횡포가 심했죠. 그에게 잘 보이면 50~100원을 더 주니까 사람들이 김치를 담가 바치더라고요. 결국 그것 때문에 노조가 만들어진 거예요.

사출라인은 플라스틱 테두리를 만드는 곳이에요. 원래 주야간으로 장시간 노동해 생활비를 벌었는데, 주 52시간 이상 일을 못 하게 되니까 실질 임금이 줄었어요. 그런데 남자들만 월급을 올려준 거예요. 그래서 여성들이 들고 일어났죠.

제조라인은 비인격적인 대우가 불만이었어요. 전무가 아침마다 맨바닥에 우리를 앉혀놓고 한두 시간 동안 훈계하고, 말 잘 듣는 사람들에게만 상품권을 주며 경쟁을 붙였어요. 나중에는 경쟁이 너무 심해져서 불 꺼진 쉬는 시간에도 일했다니까요. 30분 일찍 출근해 청소하라고 하기도 했고요. 이후 2014년에 퇴직자를 조직해서 노동부에 무료노동, 파견노동 문제를 제기해 2억 원 정도를 받아냈어요.

노조가 만들어지고 가장 먼저 변한 건 전무와 최순실의 태도였어요. 우리한테 인사도 먼저하고 말투도 달라졌죠. 노동조합을 건드리지 말고 교섭을 통해 이야기하자는 분위기도 생겼고요. 그리고 한두 달 후 최순실은 해고당했어요.

노조가 회사에 처음으로 제기한 건 연차 문제였어요. 일이 없으면 개인 연차를 사용해 강제로 쉬게 했거든요. 연말정산하면 연차가 마이너스 25~30개까지 있었어요. 이걸 다 없애고 18개의 연차를 받기로 합의했죠. 회사가 클린룸을 만든다면서 차가운 맨바닥을 양말만 신고 다니라고 한 적도 있어요. 교섭을 통해 이런 환경도 바꿨고요.

파업이다!

1974년생 이은선(한국시티즌정밀)

1995년 6월 창원에 있는 한국시티즌정밀에 입사했어요. 예물 시계를 만드는 공장인데, 290여 명의 직원 중 80%가 여성이에요. 당시 일본 회사들은 여자들 머리에 무언가를 꼭 쓰게 했어요. 한국산연은 모자를, 우리는 삼각 스카프를 썼죠. 안전을 위한 게 아니라, 직급을 표시하는 용도로요. 수습 3개월 동안은 노란 수건, 그다음엔 하얀 수건, 조장은 파란 수건, 반장은 선이 하나 그려진 파란 수건, 주임은 선이 두 개 그려진 파란 수건을 썼어요.

해마다 쟁의행위 기간이 되면 먼저 준법투쟁을 했어요. 민중가요 배우기, 현장 꾸미기, 스카프 벗고 작업하기, 투쟁 조끼 입기, 장갑 빨기, 화장실 줄 서서 가기 등 파업이 아니어도 투쟁 방법이 많은데, 다 재미있었어요.

저는 입사한 지 6개월부터 대의원을 맡았어요. 우리 부서에 35명이 있었는데, 노조 간부도 많고 굉장히 단결이 잘됐어요.

- 파업이다!

그렇게 파업이 시작되면, 작업하다가도 장갑을 벗고 벌떡

한국시티즌정밀 공장에선 직급을 표시하는 수건을 머리에 두르게 했다.

일어나 뛰어나갔어요. 우리 요구안이나 탄압의 부당함을 알리는 대자보를 관리자들이 잘 보이는 위치에 걸어놓기도 했고요.

제가 대의원을 한다니까 관리자가 말했어요.

- 니가 뭘 안다고 대의원을 하노?

그 이야기를 듣더니 노조 간부 언니가 그러는 거예요.

- 관리자들이 그런 얘기할 때 가만있으면 안 된다. 노동조합은 배우면서 하는 거라고 딱 부러지게 대답해라.

당시 파업하면 간부들은 임금 손실이 생겼어요. 그걸 알고는 조합원들이 돈을 모아 월급을 맞춰줬어요. 심지어 제 임금 손실액보다 많아요.

- 돈이 너무 많다.

- 넘치나? 그럼 그 돈으로 떡이나 맞춰서 같이 먹자.

그런 게 너무 좋았어요. 누가 결혼하거나, 누가 아프거나 하면 다들 자기 일처럼 도왔어요. 정말 돈독했죠. 해마다 근로조건이 좋아지니까 결혼한 사람들도 퇴사를 안 했어요. 우리 부서 언니는 아이 셋 낳고서도 일을 계속했고요. 여성 조합원이 많아서 산전산후 휴가는 법률에 보장되기도 전에 단체협약으로 90일을 보장받았어요. 수유 시간도 보장받고, 임금도 꼬박꼬박 올라서 상여금이 700%였어요.

신기하게 사라진 언어폭력과 성희롱
1989년생 서인애(대륙금속)

2016년 도장에서 검사 업무를 할 때 노동조합이 만들어졌어요. 함께 일하던 동료들 권유로 바로 가입했어요. 1년 뒤 노조 사무장이 제게 교선부장을 제안하더라고요.

- 아는 건 없지만, 한번 해볼게요.

그때도 바로 수락했죠. 그래서인지 사람들이 저더러 노동조합이 적성에 맞는 것 같대요.

여자라서 못 한다는 말이 너무 싫어서 남자들 일도 다 하려

서인애는 노조 덕분에 직장 내 성희롱이나 차별이 사라졌다고 생각한다.

고 해요. 해보기도 전에 안 될 거라고 말하는 사람들을 보면 정말 답답해요. 회사에 뭘 요구하면 책잡힌다고 싫어하는 조합원들도 있어요.

노동조합이 없을 때는 관리자들이 여성과 남성을 대하는 태도가 달라서 기분 나빴어요. 성희롱도 잦았고요. 그런데 관리자들이 그러면 웃어주는 조합원들이 있는 거예요. 정말 이해할 수 없었죠. 연세가 있어서 그런지 웃으면서 관리자들과 똑같이 농담하곤 했어요. 그래서 제가 화를 냈어요. 노조 만들고 나서는 언어폭력이나 성희롱이 싹 없어졌어요. 참 신기하더라고요.

여성이라고 차별하는 건 모든 회사가 그렇지 않을까요? 그런데 여성들이 그걸 당연하게 받아들이거나 스스로 그렇게 만드는 것 같아요. 여자라서 이건 안 되고 저건 못 하고, 그렇게 한계를 두니까 관리자들도 여자는 차별해도 된다고 여기는 것 같아요. 지금은 노조가 있으니 대놓고 그러진 못하지만요.

회사가 탄압하니 여성만 남았어요
1967년생 이동훈(삼화)

2015년 6월 29일 담배 필터를 만드는 삼화에 입사했어요. 처음에 저는 포장 업무를 맡았어요. 남자들은 주로 기계를 만지고, 생산 기장이라 불러요. 여성은 거의 포장 파트에서 일하고요. 전 직원 68명 중 40명이 여성이에요. 28명이 기계를 다루는 기장이고, 이 중 10명이 여성이죠. 저는 부기장을 하다가 기장이 됐어요. 사실 우리 회사에 특별한 기술이 필요한 자리는 없어요.

2017년 2월 17일 노동조합을 설립했어요. 노조 만든 뒤로는 연대투쟁을 많이 다녔어요. 코리아에프티노조가 출근 투쟁할 때는 버스 2대를 대절해 빗속을 뚫고 전 조합원과 갔어요. 노조 활동하는 데 거리낌이 없었죠. 처음에는 회사가 딱히 막지도 않고, 오히려 지원해주기도 했어요. 그런데 우리가 활개를 치고 다니니까 얼마나 미웠겠어요. 회사가 전 지회장을 계속 승진시키더니, 이후 그 사람이 금속노조를 탈퇴하고 한국노총 노조를 만들어 우리 지회를 공격하더라고요. 이런 상황이 힘들어요. 우리 조합원들에게도 탈퇴하라며 회유하고 협박도 하니까요.

남성 신입사원 월급이 오래 근무한 여성들과 똑같은데, 회사는 그들을 기장으로 앉혀요. 그동안 회사가 여성 기장을 쓴 이유는 간단해요. 인건비가 쌌거든요. 그리고 우리는 늘 최저임금을 받았죠. 노조 생긴 뒤로는 동일노동 동일임금을 요구하며 호봉제를 도입해서 근속에 따라 임금 격차를 뒀어요. 여성 조합원 중에 근속연수가 오래된 분들이 많아서 시급이 확

올라갔죠. 그래서 이제 여성이라고 임금이 싸지 않으니 남성 신입사원을 뽑아서 기장을 시키는 게 더 유리하다고 판단한 거예요. 거기에 노동조합을 깨기 위해 차별도 해요. 노조 탈퇴서 쓰고 왔다고 하면, 바로 좋고 편한 자리로 보내주니까 남자들은 거의 탈퇴했어요. 여성들 중심으로 24명만 남았고, 한국노총 쪽 노조엔 44명이 있어요. 이제 정말 회사와의 싸움이 본격적으로 시작된 것 같아요. 한국노총 쪽으로 넘어간 조합원들이 미안해하긴 해요.

- 며칠 동안 밤새 고민해도 이렇게밖에 할 수 없어. 미안해.
- 미안할 짓을 하지 마.
- 정말 미안해. 일단 지금은 나부터 살고 봐야 해.

이 말의 의미는 회사가 괴롭혀서 조합원으로 남는 게 힘들다는 거잖아요. 앞으로 회사는 계속 노조를 흔들 거예요. 그래도 꿋꿋하게 남은 사람이 24명이니까 아무리 화가 나도 이들을 믿고 가야죠.

연숙이처럼 되면 어떡해
1972년생 김연숙(삼화)

조합원들이 많이 탈퇴해서 힘든 건 현장 장악력이 없어지기 때문이에요. 노조에서 힘 있는 위치에 있는 건 거의 남성들이에요. 현장에서도 여성 조합원들은 주로 남성들이 기계 돌릴 때 도와주는 업무를 맡고요. 기술력에서 차이가 있으니 남성들에게 좌지우지되는 거죠. 여성 조합원 수가 아무리 많고 똑똑하다고 해도 현장 장악력이 없다 보니 많이 힘들어요. 애초에 회사가 여성들을 남성들의 보조로 뽑으니까 극복하기 어렵고요.

70년 된 우리 회사에 가장 오래 다닌 관리자가 여자 대리님이에요. 30년 넘게 다녔지만, 아직 대리죠. 그런데 몇 년 전 신입사원으로 들어와 벌써 과장이 된 사람이 있어요. 이렇게 굉장히 보수적인 회사여서 여성의 지위 향상 같은 건 관심이 없어요.

제가 왜 노조 탈퇴도 안 하고 부지회장을 하냐고요? 발목 잡혔죠, 뭐. 나갈 타이밍을 못 잡았어요. 아직 노조에 남은 사람들은 자기 이익보다는 힘들더라도 함께하고 싶어서인 것 같아요. 제가 기장으로 있다가 부기장으로 내려가면서 현장에서는 그런 얘기가 돈대요.

- 연숙이처럼 되면 어떡해.

이 말이 유행어가 됐다네요. 노조 활동 열심히 하면 저처럼 힘든 자리로 내몰린다고 생각하니까 노조를 탈퇴하는 거겠죠.

내가 옳으니 절대 못 나가

1962년생 오복환(대한솔루션)

대한솔루션은 원래 한국노총 소속이었는데, 2005년 노조 위원장이 총회 결과를 따르지 않고 회사와 밀실 합의를 했어요. 이를 반장들이 거부하면서 민주노총 금속노조로 조직 전환을 한 거예요.

이후 회사에 단체협상을 요구했지만, 합의가 안 돼서 공장 앞에서 천막농성을 했어요. 지회장은 전임이 아니다 보니 임금을 제대로 받지 못해서 조합원 27명이 매달 5만 원씩 모아주기로 했죠. 조합원들도 생계가 어려워 농사 아르바이트를 해 월 37~38만 원씩 받으며 8개월간 파업했어요. 12월 말쯤 지회장이 당진에서는 해결이 안 되니 본사로 올라가 천막농성을 하자고 제안해 인천으로 갔어요. 제 나이 45살 때였는데, 고1, 중3이었던 아이들이 알아서 밥 해먹고 학교에 다녀야 했어요.

당시 우리는 농성장에서 밥을 해 먹었어요. 김치 하나만 있어도 맛있었죠. 조합원 27명 전원이 농성했는데, 그중 여성이 5명이었어요. 이왕 시작했으니 끝까지 해야 한다는 확고한 신념이 있었어요.

노조를 탈퇴한 사람들과 비조합원들 사이에 노노 갈등이 심했어요. 그래서 오히려 조합원들끼리 똘똘 뭉칠 수 있었어요.

　- 우리는 꼭 이겨야 한다!

　다들 이 생각만 했어요. 2005년 말 단체협상에 합의하고 현장에 복귀하니 우리가 일하던 공정을 비조합원들이 차지하고, 우리는 업무 배치를 해주지 않았어요. 화가 난 젊은 친구들은 회사를 그만두고, 쉰이 넘은 수석부지회장님은 노조를 탈퇴하고 말았어요. 저와 노조 간부에게는 청소를 시키더라고요. 그래서 다짐했어요.

　- 화장실 청소를 하더라도 이 회사에 붙어 있을 거다. 내가 옳으니 절대 못 나가!

　2007년 8명의 조합원이 남았을 때 회사가 2개월간 순환휴직을 시행했어요. 노조 때문에 새로운 아이템을 가져오지 못했다면서요. 불과 8명의 조합원이 있는 노조 때문에 그렇게 됐다는 걸 납득할 수 없었죠. 우리는 노사합의 없는 휴직을 거부하고 전원 출근했어요. 회사는 노조를 엄청나게 괴롭혔어요. 집회하면 관리자가 가위로 마이크 선을 잘라버리고, 비조합원들은 몰려와서 금속노조 물러가라고 외쳤어요. 심지어 우리에겐 일도 안 시키고 난로도 빼앗아갔어요. 제게 똥바가지를 퍼붓겠다고 협박한 적도 있어요. 그렇게 괴롭히니까 다 탈퇴하고, 지회장인 저와 수석부지회장 둘만 남더라고요.

　수석부지회장은 뚝심 있는 사람이에요.

- 내가 탈퇴하면, 저 사람 혼자 어떻게 하나.

둘이 그런 생각을 하며 10년을 버텼어요. 제 꿈이 두 자릿수 조합원을 만들고 정년퇴임을 하는 거였는데, 지금은 전 직원 80여 명에 조합원이 26명이에요. 2022년 12월에 정년퇴직이 니, 이제 3년 남았네요. 올해 임기 끝나면 지회장 자리에서 물러날 생각이에요. 자리가 사람을 만든다니까 후배들에게 맡기고, 저는 현장에 들어가 젊은 사람들을 조직해보고 싶어요.

9.
나의 복직은
시대의 복직

노동조합에 대한 국가의 폭력이 한 개인에게 어디까지 행해지는지 김진숙은 두 가지 이야기로 증언했다. 웃으며 출근한 노동자가 웃으며 퇴근하는 세상을 만들고 싶다는 결심이 이렇게 무서운 일을 당하게 되는 이유인지 김진숙은 몰랐다. 이제 이런 야만적인 일이 벌어지는 세상은 끝났다고 말하고 싶다. 대공분실에서 살아 나온 김진숙과 6월항쟁의 거리에서 함께 싸운 노무현, 문재인이 대통령이 되는 세상이니 많이 바뀌었다고 말하고 싶다.

　김진숙은 1981년 7월 대한조선공사에 용접공으로 입사해 1986년 2월 대의원에 당선됐다. 같은 해 7월 어용노조의 비리를 폭로하는 유인물을 배포한 후 대공분실에 끌려가 고문당하고 해고됐다. 이후 1988년 노조 파업에 참가한 것이 제3자 개입금지법 위반이라는 이유로 1991년에 다시 구속됐다. 이때 박창수 열사 또한 전노협 활동을 했다는 이유로 구속되어 죽임을 당했다. 그리고 김진숙은 1995년 동래봉생병원노조 파업 때 함께한 것이 제3자개입이라며 다시 구속됐다. 2003년 노사합의로 동료 해고자들이 복직했지만, 김진숙만 제외됐다. 2009년 11월에는 민주화운동 관련자 명예회복 및 보상심의위원회가 부당해고로 결정했다. 이에 2010년 1월 복직 및 구조조정 반대를 요구하며 24일간 단식농성을 했고, 2011년 1월 정리해고 철회를 외치며 85호 크레인에 올라가 309일을 살았다. 그리고는 결국 한진중공업이 정리해고를 철회하게 만들었다. 그러나 이때도 김진숙은 복직하지 못했고, 2018년 암 수술 뒤 항암치료 와중에 정년퇴직 전 복직을 요구하며 문재인 대통령을 만나러 부산 영도에서 출발해 청와대까지 걸었다. 하지만 문재인 대통령은 그녀를 만나주지 않았고, 복직도 하지 못했다.

시대의 정의를 묻고 싶다. 민주노조 활동을 한 것이 죄가 되어 고문당하고 해고되는 야만의 시대가 끝났다면, 김진숙은 왜 아직도 복직하지 못하는가? 그녀가 복직해 구내식당에서 따뜻한 밥 한 끼 먹으며 동료들에게 회사 매각으로 힘들지만, 까짓거 우리가 싸워서 일터를 지키면 된다고 말하며 환하게 웃을 수 있는 날. 그때 비로소 야만의 세상이 끝나고 세상이 많이 바뀌었다고 말할 수 있지 않을까? 김진숙의 복직은 시대의 복직이다.

'한국해양개발공사'라 쓰고 '대공분실'이라 읽는다
1960년생 김진숙(한진중공업)

하루는 일하는데 나오라는 거예요. 그래서 나가니까 누군가 제 얼굴을 시커먼 보자기로 덮어씌우고 양쪽에서 팔을 잡고 뒤에서 허리띠를 쥐더니 포니 자동차에 저를 실었어요. 어딘가에 도착했는데, '충성' 소리가 들리고 어느 방으로 끌려갔어요. 보자기를 벗기길래 방안을 보니 온통 빨갛더라고요. 벽돌도 욕조도 천장도 빨갰어요. 그리고는 제 옷을 벗긴 뒤 군복으로 갈아입히고 칠성판을 깔았어요. 그 사람들이 얘기해줬는데, 칠성판은 시신 밑에 까는 널빤지래요. 그 위에 올려지면 죽는다는 뜻이죠. 그렇게 저를 엎드려 놓은 채 묶어놓고 때린 게 지금도 흉터로 남아 있어요. 그러고는 저를 거꾸로 매달았어요. 눈에 피가 흐르더라고요. 거기가 바로 대공분실이었죠. 그때는 노동조합 활동하면 그런 데 끌려갔어요. 간판에는 '한국해양개발공사'라고 써놓고요. 그러면서 마지막으로 요구하는 게 사표를 쓰라는 겁니다.

　- 나를 대의원으로 뽑아준 1,000명에게 서명받아 와. 내가 사표 써도 좋다는 사인도 받아오고. 그럼 사표 쓸게.

　그런 대공분실에 세 번이나 갔다 왔습니다. 그때 나이가 26살이었죠. 운 좋게 살아서 나온 거예요. 박종철 학생 아시지요? '턱하고 치니까 억하고 죽었다'는 그 박종철 학생이 당시 한진중공업 바로 앞에 살았거든요. 아저씨들이 그 집 앞을 지날 때마다 말했어요.

- 진숙아, 이 집에 서울대학교 학생이 산데이.

그때는 서울대학교 학생이 우리 동네에 산다는 것만 해도 자랑이었어요. 그런 사람이 내가 살아 나온 공간에서 죽어 나온 거예요. 저는 대공분실에 다녀온 이야기를 아무에게도 못 했어요. 두 가지 이유가 있었는데 하나는 이래요. 몇몇이 민주노조 만들겠다고 소모임을 했는데, 제가 대의원에 당선되니까 전원 대기발령된 거예요. 당시 대기발령이란 폐건물에 감금하는 거였어요. 그래서 소모임 같이 하던 사람 중에 저를 포함해 단 2명만 남았어요. 그런데 내가 대공분실에 끌려간 이야기를 하면 한 사람마저 그만둘 것 같아서 말을 못 했어요. 두 번째는 박종철 열사가 죽어 나와서예요. 거기서 죽은 사람도 있는데, 내가 맞은 게 뭐라고 얘기를 하겠어요. 의사 증언에 따르면, 박종철 열사는 폐에 물이 차서 죽었대요. 그때부터 매일 전국에서 집회가 열렸어요.

- 박종철을 살려내라! 고문치사 책임져라!

박종철 열사가 죽은 뒤에야 대한민국에 대공분실이 있고, 거기서 사람이 고문당하거나 죽는다는 사실이 비로소 밝혀졌어요. 그리고 박종철 열사의 죽음을 계기로 6월항쟁이 광범

위하게 일어났죠. 문재인 대통령과 그 6월항쟁에 함께했어요. 당시 노무현, 문재인 대통령이 민주노총 부산지역본부의 지도위원이었어요. 지금은 모른 척하고 있지만.

*

국가 폭력의 야만에 대한 김진숙의 두 번째 증언은 박창수 열사의 죽음에 관한 이야기다. 박창수 열사를 죽음에 이르게 한 '제3자개입금지법'은 국가가 노동조합 활동에 개입해 폭력적으로 탄압하는 근거가 된다. 1980년 말 신설된 이 법은 노동자의 단결과 단체교섭, 노사협의, 쟁의행위에 관해 제3자의 개입을 금지한다. 김진숙도 박창수도 그리고 인권변호사였던 노무현도 이 법으로 구속됐다.

노동자가 노동조합을 만들어 회사에 교섭을 요구하고, 회사가 이를 수용하지 않을 경우 파업할 수 있는 것은 헌법에서 보장하는 기본권이다. 그런데 '제3자개입금지법'은 헌법에 보장된 노동삼권을 심각하게 침해한다. 한진중공업에서 해고된 김진숙이 한진중공업 노동자들의 파업에 참가해 발언한 것이 제3자의 개입으로 해석되어 1991년 구속됐다. 김진숙은 제3자가 아닌 당사자다. 한진중공업노동조합 위원장이 된 박창수가 대우조선 파업에 연대하기 위해 회의에 참석한 것이 제3자의 개입이라며 그 또한 구속됐다. 즉 '제3자개입금지법'은 연대금지법이었다. 노동자가 노동자의 파업에 연대하는 것이 당사자인지 제3자인지를 따져 묻는 것 자체가 이상하다. 그런데 심지어 구속된 박창수는 목숨을 잃었다. 대우조선 노동자 이석규가 사망한 뒤 진상규명 활동을 한 변호사 노무현 또한 제3자개입금지법 위반으로 구속됐다. 노동삼권뿐 아니라 인권을 심각하게 침해하는 이 법은 악법으로 유명세를 떨치다가 1997년 한국이 경제협력개발기구OECD에 가입하는 과정에서 삭제됐다.

노동조합으로 뭉친 노동자들의 단결과 투쟁이 싫어서 사람을 죽이고 영안실 벽을 부수고 시체를 빼앗아간 야만적인 국가권력이 있던 시대로부터 30년이 지났다. 동지를 땅에 묻으며 민주노조 운동이 여기까지 왔다고 말하는 김진숙이 60세가 되어도 복직하지 못하는 현실이, 지금도 거짓말 같다.

저녁밥을 같이 먹었던 사람을 땅에 묻으며
1960년생 김진숙(한진중공업)

1991년 박창수가 노조 위원장으로 출마해 94%의 지지로 당선됐어요. 4명이 출마했는데, 94%의 지지를 얻었으니 조합원들의 신임이 얼마나 컸는지 짐작되시죠? 저는 위원장 선거를 일주일 앞두고 구속됐어요. 1988년 파업 당시 집회에 참석한 적이 있는데, 3년이 지나 갑자기 제3자개입금지법 위반이라며 연행한 거예요. 내가 해고된 공장에 들어가 집회에 참석했다고 징역을 산 거죠. 어쨌든 위원장 선거 날 투표 결과를 궁금해하고 있는데, 박창수가 면회를 왔더라고요. 그때 마지막으로 하고 간 말이 있어요.

- 김 동지, 이제 고생 끝났습니다.

그때만 해도 우리가 참 순진했어요. 우리 손으로 위원장만 뽑아놓으면 다 될 줄 알았으니까. 임금도 올리고 싶은 대로 올리고, 작업복도 춘하추동 갈아입고, 밀가루 냄새 나는 덜 익은 빵이 아닌 따뜻한 밥도 먹고, 그럴 줄 알았어요. 그런데 제가 감옥에서 나오기 전에 박창수 위원장이 구속됐어요. 그의 죄목도 제3자개입금지법 위반이었고요. 당시 대우조선 노동자들이 파업을 했는데, 같은 금속업종이니까 어떻게 연대할 건지 의정부 다락원 연수원에서 회의를 했대요. 그게 제3자개입금지법 위반이래요. 그리고는 박창수 위원장이 안양교도소에서 머리에 알 수 없는 큰 상처를 입었어요. 지금도 그 이유를 몰라요. 그래서 안양병원에 입원했는데, 5월 6일 새벽에 누군가 그를 병실에서 데리고 나갔답니다. 병실에는 교도관과 경찰관도 있었어요. 그러니 누군가 그를 데리고 나갔다면, 최소한 교도관이나 경찰이 아는 사람이라는 거죠. 이후 박창수 위원장은 안양병원 옥상에서 투신한 시신으로 발견됐어요. 링거

1991년 한진중공업노조 박창수 위원장이 의문사한 뒤 부검해 사인을 밝히려 했지만, 영안실 벽을 부수고 들어온 백골단이 시신을 빼앗아갔다. 경찰은 박창수 위원장이 자살했다고 발표했다.

를 꽂은 상태로요.

우리도 궁금해요. 멀쩡하던 사람이 왜 갑자기 죽었는지. 그래서 부검에 동의했습니다. 검사와 변호사, 유가족의 합의서도 있었어요. 그런데 그날 밤 백골단이 영안실 벽을 오함마[14]로 뚫고 들어와 유가족을 때리고 시신을 탈취해갔어요. 그리고는 뉴스를 통해 부검 결과를 들었어요. '노동운동에 염증을 느낀 자살'이라고.

2016년에 박창수 위원장 25주기 추모식을 했어요. 그의 무덤이 언덕배기에 있거든요. 거기에 앉아 아래를 내려다보는데, 저기서 박창수가 오는 거예요. 키도 걸음걸이도 머리 모양도 똑같았어요. 바로 당시 6살이던 박창수의 아들이었죠.

- 네가 지금 몇 살이냐?

- 31살이요.

그 아이 아빠가 그 나이에 죽었거든요. 31살이라는 나이가 저렇게 시퍼런 나이구나 싶었어요. 그렇게 저녁밥을 같이 먹었던 사람을 땅에 묻으면서 민주노조 운동이 여기까지 왔습니다.

---

14 쇠로 된 대형 망치.

10.
체불임금 받으러 간 내가
왜 도둑인가

지금 노동조합 활동을 하는 노동자들은 대공분실에 끌려가 고문당하는 폭력에 노출되지는 않는다. 그러나 아직도 '구속'은 이들에게 국가가 행하는 노조 탄압이다. 법 앞에 만인이 평등하다고 배운 노동자들이 노조 활동을 시작하면 대부분 깜짝 놀란다. 불법은 회사가 저질렀는데, 왜 정당한 주장을 하는 억울한 나를 경찰이 위협하는지 이해할 수가 없기 때문이다.

이러한 노동자들에게 가장 많이 적용하는 법은 '집회및시위에관한법률'이 아닌 '도로교통법'이다. 집회하는 건 합법인데, 다수가 모여 도로에서 집회하며 교통을 방해한 것이 죄라는 말이다. 또 도로교통법 위반의 근거를 확보한다면서 경찰이 집회 참석자들에게 카메라를 들이밀며 집회를 방해하여 다툼이 생기면, 이것은 '공무집행방해'에 해당한다.

정치파업이므로 불법이라는 경우도 많다. 2006년 민주노총이 비정규직을 확대하려는 정부의 법에 반대하며 총파업을 했다. 이 경우 파업하는 것 자체가 불법이다. 2015년 박근혜 정부에 세월호 참사 책임을 묻는 집회를 주최하고, 노동정책에 반대하는 파업을 했던 한상균 민주노총 위원장은 불법 정치파업을 벌였다는 이유로 징역 3년의 실형을 선고받아 구속됐다.

그러면 경제파업에 대해서는 어떨까? 2009년 1월 쌍용자동차가 법정관리를 신청하고, 그해 4월 노동자 2,646명을 정리해고하는 구조조정을 했다. 구조조정 철회를 요구하며 5월 21일부터 77일간 평택 공장의 점거파업을 주도했다는 이유로 당시 금속노조 쌍용자동차지부 한상균 지부장이 징역 3년을 선고받았다. 이때 경찰이 헬기까지 동원하며 파업하던 노동자들을 진압하지 않았으면, 쌍용자동차 노동자들이 이기는 싸움이었다. 노사 간 다툼으로 긴장이 고조된 상황에서 노동조합이 밀릴 때는 경찰이 아무런 도움을 주지 않는다. 현대자동차 정문에서 회사가 고용한 용역깡패에게 노동자들이 폭행당했을 때 신고를 받고 출동한 경찰은 현장을 목격했음에도 '할 수 있는 게 없다'며 표표히 사라졌다. 그런데 노동자가 우세할 때는 갑자기 바빠진다. 법무부 장관이나 청와대가 '법치국가의 엄정한 법질서 집행'을 떠들면, 중무장한 경찰이 몰려와 노동자 앞에 선다. 쌍용자동차 때도 그랬다. 일방적으로 회사 편을 들어 파업하는 노동자들을 탄압한 공공의 권력이 한상균을 구속시켜 징역까지 살게 했다. 즉 정치파업이든 경제파업이든 노동조합이 파업하면 다 불법이라는 말이다. 법이 무조건 가만히 있으라고 노동자들에게 엄포를 놓는 것이다. 불법을 저지르는 회사 사장들을 법에 따라 구속하며 엄정한 법질서 확립을 위해 경찰이 힘을 행사한다면, 대한민국은 지금보다 훨씬 노동하기 좋은 나라가 될 것이다.

기륭전자 노동자 김소연은 노조 설립 이후 회사가 교섭에 나오지 않고 조합원들을 해고하자 파업에 돌입했고, 그 이유로 구속됐다. 유흥희는 기륭전자 최동열 회장에게 체불임금을 받으러 갔다가 '예비적 도둑'이라는 이유로 150만 원의 벌금이 선고되자 억울해서 노역을 살기로 하고 구속됐다. 현대자동차 사내하청 노동자 권수정은 '공무상표시무효'라는 이유로 구속됐다. 그녀는 2003년 노조를 설립하고 활동하다가 6월 3일에 해고됐다. 이후 현대자동차는 외부인사인 그녀가 회사에 출입하여 업무를 심각하게 방해한다는 이유로 법원에 '출입금지가처분' 신청을 해 출입을 막았다. 이때 법원 공무원이 법원의 '출입금지가처분' 명령을 직접 회사 정문에 붙였는데, 이것이 바로 '공무상표시'다. 그리고 당시 지회장이던 권수정이 이를 어기고 회사에 출입했다는 것이 '공무상표시무효'다. 이에 그녀는 구속되어 10월의 징역을 살았다. 해고 노동자 김진숙이 1988년 한진중공업에 들어가 파업하는 조합원들에게 발언한 것이 '제3자개입금지'로 구속 사유였다면, 2003년 해고된 노동자 권수정이 현대자동차에 들어가 노조 활동을 한 것은 '공무상표시무효'로 구속 사유다. 딱 이만큼 세상이 달라 졌다.

사람들은 보통 감옥에는 '죄인'이 갇힌다고 생각한다. 공공의 평화를 위협하는 죄를 지었으니 당연히 감옥에 갇혀야 한다는 것이다. 실제로 파렴치한 죄를 짓고 감옥에 갇히는 사람들도 있다. 그러나 대부분 힘없고 돈 없는 사람이 감옥에 간다. 설사 죄를 짓고 세상과 격리되어 감옥에 갇혔다 해도 수용기관은 최소한의 인신 구속으로 한정하며 인권을 존중해야 한다. 가장 큰 문제는 교도소의 과밀수용이다. 2016년 국회 법제사법위원회 정성호 의원이 국정감사에 제출한 자료에 따르면, 당시 전국 52개 교정시설 중 38개소의 수용인원이 정원을 초과하며, 평균수용률이 122.5%로 2010년 99.4%에 비해 약 1.5배 증가한 것으로 나타났다. 좁은 공간에 너무 많은 사람을 가두니 감옥에서 범죄가 발생해도 막을 수가 없다. 교정시설이 아니라 범죄가 발생하는 폐쇄적인 공간이 된 것이다.

감옥이 폭력적인 시스템이 아니려면 억울하게 갇히는 사람이 없어야 한다. 돈이 없어 겨울마다 물건을 훔치고 교도소에 들어가 추위를 피하는 사람도 있고, 평생 남편의 폭력에 심장을 졸이며 살다가 망치를 들고 덤비는 남편을 죽이고 감옥에 가서야 마음이 편해진 사람도 있다. 감옥이 통제의 시스템인지, 공공의 안녕을 위한 교화 시스템인지 확인하려면, 누구를 가두고 누구를 풀어주는지 보면 된다.

조합원들 눈이 없는 평화로운 감옥 안
1973년생 권수정(현대자동차 사내하청업체)

2003년 9월경이었어요. 저는 7월부터 수배되어 공장에 안 나가고 있었어요. 회사 경비들이 제 뒤를 쫓아다니고, 점점 압박이 심해졌죠. 10월 말쯤 저녁 화장실에서 샤워하고 나오는데, 경비들이 제 사지를 들어 스타렉스에 태우더니 정문 앞에 대기 중이던 경찰들에게 넘기더라고요. 회사와 경찰이 짜고 저를 납치해 체포한 거예요. 그렇게 연행되어 한 달쯤 살고 집행유예로 나왔어요. 그리고는 끝없이 잠만 잤어요. 수배 기간 정규직 노조 사무실에 살면서 선전전에, 현장순회에, 조합원 면담에, 회의에, 정말 쉴 틈이 없었거든요. 사무실에서 자니까 깊은 잠도 못 잤고요.

 - 조합원은 자꾸 탈퇴하고, 지도부는 구속되고, 우리 이제 어떡해?

 노조 설립 후 300여 명으로 늘었던 조합원이 해고 위협과 경비의 폭력으로 다수가 탈퇴하고 50여 명이 남아서 조합원 조직률이 바닥을 치던 시기였어요. 현장순회를 하면 조합원들 눈빛이 무거웠어요. 그 눈빛이 힘들었다는 걸 구속돼서야 알

앉어요.

- 나를 보는 눈빛이 없으니 평화롭구나.

그런 생각을 하며 꾸벅꾸벅 졸았어요. 폭력에 노출되면 그 흔적이 몸과 마음에 어떤 식으로든 남는다는 것도 그때 알았어요. 출소 후 다시 공장으로 돌아가 3개월쯤 흘렀는데, 문득 제가 노조에서 멀리 있는 화장실에 다닌다는 걸 깨달았어요. 제가 납치된 화장실을 무의식적으로 피하고 있더라고요.

기억나지 않는 감옥에서의 시간
1970년생 김소연(기륭전자)

분회장인 제가 구속된 후로 기륭분회가 많이 힘들었어요. 회사를 점거한 지 55일 만에 공권력이 들어왔고, 간부 전체가 수배돼서 순차적으로 자진 출두해 조사를 받았어요. 그리고 마지막 남은 사람들이 구속됐고요. 제가 이전에 국가보안법으로 구속된 적이 있는데, 경찰이 간부들에게 저한테 이용당한 거라고 했대요. 그 말을 듣고 간부들이 힘들어했다고 하더라고요. 제가 구속되고 조합원들은 경제적으로 더 힘들어졌어요. 돈이 없어서 걸어 다닐 정도로요. 55일간 파업했으니 임금이 안 나와서 생계 때문에 노조를 떠난 사람도 많아요. 그래도 기륭에 복귀한 사람은 없어요.

구속되고 두 달쯤 살다가 보석으로 나왔는데, 감옥에선 아무것도 할 수 없어서 괴로웠어요. 그래서인지 감옥 안에서의 시간이 기억 안 나요. 늘 싸울 생각만 했죠. 그리고 출소 다음 날인 토요일에 출근투쟁을 하는데, 조합원들이 피켓도 앰프도 없이 그냥 서 있는 거예요. 이유를 물으니 정문에서 계속 시끄럽게 하면 제게 불이익이 갈까 봐 그랬대요. 아이고, 그렇다고 집회를 안 하다니…. 그 말을 듣자마자 앰프를 틀고 집회를 하니까 용역들과 몸싸움이 붙었죠.

노동자 자존심의 14일
1970년생 유홍희(기륭전자)

2016년 4월 28일에 150만 원의 벌금 대신 노역을 살기 위해 교도소에 들어갔어요. 금속노조에 신분보장기금을 신청하면 벌금을 내주는데, 일부러 신청하지 않았어요. 자존심 문제였거든요.

최동열 회장이 체불임금을 안 주고 야반도주했어요. 공문을 보냈는데 받지도 않고요. 우리가 다른 건 모르고 유일하게 회장 집을 알고 있었어요. 그래서 집에 찾아가 얼굴 보고 담판을 지으려 했지만 늘 대문이 닫혀 있었죠. 하루는 회장 차가 주차장에 있길래 초인종을 계속 눌렀어요. 그랬더니 경찰이 연행하더라고요. 그렇게 몇 개월 동안 했더니 법원에서 주거침입죄로 판결했어요. 강도랑 똑같이 취급한 거죠. 판결문에도 '예비적 도둑'이라 해서 너무 화가 났어요.

- 체불임금 떼먹은 놈이 도둑이지, 그걸 받으러 간 내가 왜 도둑이야?

판결에 승복할 수 없어서 14일간 노역을 살았어요. 구치소에 면회는 가봤지만, 수감된 건 처음이었거든요. 너무 억울해서 내 발로 구치소에 들어간 꼴이라 만감이 교차했죠. 구치소에 들어가서도 계속 싸웠어요. 알몸 신체검사를 안 하겠다고 버티니까 교도관들이 제 팔다리를 잡고 강제로 옷을 벗기더라고요. 너무 화가 나서 국가인권위원회에 진정서를 넣겠다며 계속 문을 두드렸어요. 속옷과 두통약을 달라고 싸우기도 하고, 같은 방에 수감된 할머니가 편찮으셔서 병방에 보내 달라고 요구하며 투쟁하기도 했어요.

이후 동지들이 면회 오니까 그제야 서울구치소 계장이 교섭하자고 하더군요. 처음에는 구치소에서 좀 쉬다가 나오려했는데, 구치소에 있던 14일 내내 싸운 거죠. 출소 날은 자정 넘으면 내보내줘야 하는데, 여자라서 아침에 나가야 한다고 해서 구치소 앞에서 기다리던 동지들이 1박 2일간 문화제를 했어요. 저를 담당한 계장이 제게 고작 14일 있으면서 저처럼 시끄러운 사람은 처음이라고 하더라고요.

이 겨울 그녀는 또 어디에서 뭘 훔칠까

1973년생 권수정(현대자동차 사내하청)

2007년에 법정 구속되어 두 번째 감옥살이를 했어요. 같은 방에 남편을 살해하고 들어온 언니가 있었는데, 21년간 남편에게 폭행당했대요. 언니랑 딸을 등을 맞대어 묶어놓고는 죽여버리겠다며 시너를 부었다네요. 그렇게 평생을 폭행당하다가 어느 날 남편이 망치를 들고 20대 딸까지 죽이겠다고 덤비니까, 순간적으로 정신이 나갔었대요. 그래서 징역 8년을 선고받았어요. 감옥에 있는 동안 언니는 살도 쪘어요. 남편 없는 세상에 사는 게 너무 좋다고.

11월쯤엔 28살 여성이 마트에서 1만 원어치 물건을 훔치다가 잡혀서 징역 8개월을 선고받고 들어왔어요. 전과 7범이었는데, 날씨가 추워지면 뭔가를 훔쳐 감옥에서 겨울을 나는 거예요. 해마다 겨울에 찬바람이 불기 시작하면, '그녀가 이번엔 또 뭘 훔쳐서 감옥에서 겨울을 날까' 싶어 며칠씩 뒤숭숭해요. '감옥에라도 가야지, 얼어 죽으면 안 되잖아' 싶다가도 내가 그녀를 돕기 위해 아무것도 안 하고 있다는 것에 양심이 찔려요.

저의 죄명은 '공무상표시무효'였어요. 파업해봤자 대체인력이 들어와 라인을 돌렸으니 업무방해를 한 것도 아니고, 폭력은 매번 회사가 휘둘렀는데 말이죠. 그런 제가 공장에 출입했다는 이유로 징역 10개월을 선고받았죠. 공장에 출입한 게 왜 죄가 될까요? 아무리 해고자라도 지회장이 조합원들이 있는 공장에 들어가 노조 활동한 것이 무슨 죄예요?

남편이든 누구에게든 폭행당해서 국가에 신고하면 응당 국가가 구해줘야 하는 것 아닌가요? 홈리스 여성에게는 집과 일자리를 줘서 살길을 마련해줘야 하고요. 감옥은 죄지은 사람들을 가두는 곳이 아니라 국가가 죄가 있다고 우기는 사람들을 가두는 곳인 것 같아요. 힘없고 배운 것 없고 가진 것 없는 사람들과 함께 저항하는 사람들을 가두면서 '까불면 너만 다친다'고 협박하는 거죠. 폭력을 국가가 관리하는 걸 정당화하는 시스템일 뿐이에요.

11.

성별에 따른
차별을 이야기할 때

"한국 사회에 성별에 따른 차별이 있다"고 말할 때 차별이 있는 그곳은 바로 집이거나 일터다. 일터에서의 성별에 따른 차별은 채용에서부터 시작한다. 금속노조에는 18만 명의 조합원 중 약 1만 명, 즉 6%의 여성 조합원이 있다. 철강, 선박, 자동차, 핸드폰을 만드는 공장에서 여성이 할 수 없는 공정은 하나도 없다. 단지 처음부터 회사가 여성을 뽑지 않아서 단 6%만 여성 조합원인 것이다.

　제조업 생산현장이 전통적으로 남성의 일이라는 인식은 여전하다. 이는 남성은 돈을 벌어 가족을 먹여 살리고, 여성은 남성이 벌어다 주는 돈으로 가족을 돌본다는 이분화된 설계에 기초한다. 이에 남성이 일터에서 하는 노동은 공적인 일이고, 여성이 집에서 하는 노동은 사적인 일이 된다. 이는 여성의 돌봄노동을 가치가 없는 무임금 노동으로 치부하며 완성된다. 경제적 권한이 여성에게 없는 것 또한 집이라는 공간에서 성별에 따른 차별을 강제하는 조건이 된다. 따라서 가족을 부양할 무거운 의무와 책임을 지는 남편의 명령을 아내가 순

종해야 한다는 폭력적인 공식이 성립한다. 전통적인 이 공식이 깨진 것은 IMF 외환위기 이후다. 가족 중 한 사람이 버는 돈으로는 아이들 교육시키고 먹고살 수 없어서 여성들이 돈을 벌러 일터로 나왔다. 그러나 집 밖으로 나온 여성들에게 주어진 일 역시 청소, 식당보조, 요양보호사, 간호조무사 등의 돌봄노동이고, 대부분 최저임금이나 받으면 다행일 정도로 저임금이다. 여성이 하는 일은 남성이 하는 일보다 가치가 낮다는 평가가 관철된 결과다. 차별은 한 사업장에서만 벌어지는 것이 아니라, 남성의 일로 간주되는 업종과 여성의 일로 간주되는 업종 사이에 발생하며 한국 산업구조의 차별로 확장했다. 차별을 넘어 평등한 사회를 만들고자 한다면, 노동현장의 차별을 빼고는 논할 수 없다.

회사는 노동자를 채용할 때 동일한 경력의 사람도 성별에 따라 직무를 나눠 채용한다. 즉 남성은 관리자 혹은 관리자가 될 수 있는 직무에, 여성은 평생을 일해도 승진할 수 없는 직무에 채용한다. 여성이 많은 사업장에서도 소수의 남성이 관리자를 맡는 경우가 대부분이다. 여기서 남성이 명령하고, 여성은 순종하는 공식이 다시 관철된다. 이러한 채용은 남녀의 임금 차별을 전제한다. 처음부터 임금이 다른 것은 물론, 시간이 지날수록 남성의 임금은 높아지지만, 평생을 일해도 여성의 임금은 최저임금 근처를 맴돌 뿐이다. 황미진의 사례는 채용부터 임금과 승진까지 이어지는 차별이 어떻게 이뤄지는지 보여준다.

금속노조 모범단협안 '제8장 남녀평등과 모성보호'에는 임금, 채용, 직무에 대한 차별을 금지하는 조항이 있다.[15] 소속 사업장들은 이를 기준으로 회사와 단체협약을 체결한다. 그런데도 이 사업장들에 여전히 차별이 존재한다. 금속노조 광주전남지부의 여성 간부에게 그 이유를 물었다.

"회사랑 싸우는 건 어렵지 않아요. 단체협상의 문구대로 하라고 요구하면 되는데, 우리의 '요구'로 확정하지 못하는 게 문제예요. 즉 문제는 회사가 아닌 남성 간부와 남성 조합원들이죠. 도무지 설득이 안 돼요. 남성과 여성이 직무가 달라서 임금 차이가 나는 건 원래 그렇다는 거예요. 회사의 단협 위반을 우리가 인정하면 어떻게 하냐고 계속 제기하고 싶지만, 회사가 올해는 어렵다며 물량이 없어 휴직에 들어갈 수 있다는 말도 흘려요. 그러면 조합원들은 고용이 불안해지니까 거기에만 쏠려서 남녀차별은 사소한 문제가 되고 말할 수 없는 분위기가 되죠."

일터에서의 차별은 노동하는 공간에서도 발생한다. 기아자

15　[부록2] 전국금속노동조합 모범단협안, '제8장 남녀평등과 모성보호' 중 차별 금지 조항 참고.

동차 노동자 김미희의 이야기처럼, 공장 설비는 남성의 몸에 맞춰져 있어서 소수의 여성이 라인에서 일할 때 불편할 수밖에 없으며, 나아가 산업재해로 이어지기도 한다. 가령, 타인의 자동차를 운전할 경우 가장 먼저 미러 각도와 시트 위치를 내 몸에 맞게 바꿔야 운전이 편해진다. 마찬가지로, 남성의 몸에 맞춘 라인에서 여성이 일할 때는 여성의 몸에 맞게 고쳐져야 하는데, 현장에서는 이것이 잘 안 된다. 6%의 여성을 위해 라인을 바꾸라고 할 수도 없는 노릇이다. 당장은 여성의 몸에도 불편하지 않은 공정에 배치를 요구하고 넘어가더라도, 앞으로는 직원 채용 시 남성이 50%를 넘지 않도록 요구해 생산현장에 여성의 비율을 늘려야 한다.

김진희는 2020년 금속노조에 가입한 새내기 조합원이다. LG전자 렌탈가전 방문관리 노동자, 쉽게 말해 정수기를 관리하는 특수고용노동자다. 집안에서 여성들이 무임금으로 하던 일이 IMF 외환위기 이후 저임금 여성 노동으로 사회화된 사례다. 누구에게는 집이라는 사적인 공간이 그녀에게는 공적인 일터다. 정수기 관리 노동자들이 고객의 집에서 성희롱을 당하면 직장 내 성희롱으로 산업재해이며, 고객의 개에 물려도 산업재해다. LG전자가 여성노동자의 인권을 폭력적으로 침해하고 있다는 증거가 여기 있다.

여성은 30년을 일해도 승진할 수 없어요

1982년생 황미진(KEC)

KEC는 반도체를 만들어요. 구미공단 1호 사업장이고, 삼성보다 먼저 반도체를 시작해 비메모리 분야에서 세계적으로 이름이 높은 기업이에요. 여성노동자가 다수인 사업장인데, 50년 전부터 이어진 뿌리 깊은 남녀차별이 지금도 여전합니다.

인사체계는 J1, J2, J3등급과 S4, 5등급으로 나뉜 연봉제예요. 같은 경력이라도 여성은 무조건 J1으로 입사하고, 남성은 J2로 입사해요. 물론 J2가 임금이 더 높고요. 채용부터 차별하는 거죠. 출발부터 달랐던 여성과 남성의 격차는 시간이 지날수록 더 크게 벌어져요. J등급과 S등급은 임금 격차가 커서 J등급으로 30년 일해도 S등급 1년 차 신입사원보다 적게 받아요. J등급으로 입사한 사람이 S등급이 되는 건 남성만 가능해요. 여성은 30년을 일해도 J등급에서 벗어날 수가 없어요. 남성은 J등급으로 입사해도 평균 7년에서 10년을 일하면 S등급으로 승급하거든요. 지난 20년간 생산직으로 입사한 여성 중 S등급으로 승급한 경우는 단 한 명도 없어요. 여성 관리자도 없고요. 그래서 남성과 여성의 임금 차이가 월평균 60만 원 정도 됩니다. 승급하려면 인사고과에서 A를 받아야 해요. C를 받으면 안 되고요. 왜 여성은 승급이 안 되냐고 회사에 물어보면, 남자는 가장이라서 승진해야 한대요.

　- 어차피 여성은 S등급으로 승급이 안 되니 C를 받아도 되잖아.

　일을 못한다고 C를 받아서 승급이 안 되는 게 아니라, 어차피 승급을 안 시킬 테니까 C를 준다는 거죠. 여성노동자 중에도 가장이 많아요. 또 여자는 생리와 육아로 휴가를 많이 쓴다고 C를 주기도 해요. 성별에 따른 차별이 일상이죠. 여자는 단순 업무만 하니까 승급이 필요 없다고도 해요. 저도 공고 나왔어요. 단순 업무만 시킨 건 회사예요. 저랑 똑같이 공고 나온 남성이 J2로 시작해 S등급으로 승급할 때 저는 어떤 기회도 얻지 못했어요. 저는 입사한 그 순간부터 지금까지 22년 동안 차별받고 있어요. 노동하는데 남녀가 어디 있나요? 여성의 노동은 아르바이트 취급하며 관행이고 회사 정책이라고 해요. 관행은 누가 만드는 건데요?

　50년의 관행을 바꾸기 위해 20년 동안의 자료를 정리해 통계를 냈어요. 그리고 2018년 국가인권위원회에 진정을 넣었습니다. 차별도 억울한데 입증을 해야 했죠. 자료를 보면서 '아, 우리가 이러고 살았구나' 하고 가슴이 답답했어요. 결정이 나오길 오래 기다렸어요. 마침내 국가인권위원회가 2019년 9월 KEC가 남녀차별한 게 맞으니 시정하라는 권고를 내렸어요. 그런데 회사는 여전히 고유의 관행이라 우기며 시정하지 않아요. 국가인권위원회는 채용부터 차별이 있었고, 여성이라는 이유로 승급의 기회를 받지 못한 차별이 있다고 인정했어요. 이 권고 내용을 바탕으로 노동부에 남녀차별을 고소했지만, 노동부는 '혐의없음'으로 검찰에 송치했고 대구지방검찰청 김천지청은 '무혐의'라고 판단했어요. 그 이유는 2010년부터 2014년까지 차별은 있지만 공소시효가 지나 처벌할 수 없다는 거고, 2015년부터 2019년까지는 '관행'이어서 사업주가 한 게 아니랍니다. 처벌할 대상이 없다는 거예요. 이게 말이 되나요? '관행'이 스스로 만들어지나요? 그걸 누가 만들었나요? 채용부터 업무 배치, 인사고과의 모든 권한이 회사에 있어요. 칼에 찔리고 맞아야만 폭력이 아니에요. 차별은 정신적인 폭력이고 범죄입니다. 저는 회사가 우리를 차별하며 폭력을 행사했고, 검찰은 회사 말만 듣고 우리에게 또 한 번 폭력을 가했다고 생각해요.

네 옆에 있던 언니의 이야기야
1980년생 고은하(한국지엠)

한국지엠에는 유일한 여성 생산직 노동자인 이노이 선배님이 있어요. 30년 넘게 일한 언니가 정년퇴직을 1년 앞두고 투쟁해 동일노동 동일임금을 쟁취했는데, 마음이 너무 안 좋더라고요. 남성 동지들을 설득하는 게 굉장히 힘들었거든요.

우리 회사는 매달 안전교육을 받고 사인하는데, 연차 순으로 번호가 매겨진 서명지에 언니가 10번이었어요. 이후 동일노동 동일임금을 쟁취한 뒤 호봉이 오르니까 7번으로 올라간 거예요. 언니가 그 서명지를 들고 울더라고요. 입사 순서대로 근속을 따지면, 언니가 1988년에 들어왔으니까 1번이어야 하거든요. 그런데 중간에 정리해고 당했다가 복직할 때까지의 기간이 반영되지 않아서 7번이었던 거예요. 정년을 앞두고 7번에 사인하면서 자기도 모르게 눈물이 났대요.

한국지엠 노동자 이노이가 정년퇴직을 앞둔 마지막 날 현장에서 일하는 모습.

언니가 정년퇴직 전 대의원대회에서 모범조합원 상을 받을 때는 가족에게 초대장을 보냈어요. 딸, 며느리와 함께 짬뽕에 소주를 마시고 지하철을 타고 집에 갔는데, 퇴근한 아들이 손을 잡아줘서 또 눈물이 났다고 하더군요.

언니는 이 책에 자기 이야기가 실린다며 정말 좋아해요. 언니뿐 아니라 금속노조 활동하는 언니들 보면 도인처럼 느껴질 때가 있어요.

- 네 옆에 있던 언니의 이야기야.

그렇게 조합원들에게 말해주고 싶어요. 나아가 남성 조합원들이 꼭 읽었으면 해요. 잘 만들어서 선배 여성 동지들의 삶을 돌아볼 수 있었으면 좋겠고요. 노조 활동가 중 여성을 양념처럼 생각하는 사람들에게도 꼭 보여주고 싶어요.

우리는 원숭이다. 바나나 주고 가라!
1981년생 김미희(기아자동차)

2003년 기아자동차 정규직이 된 뒤로 줄곧 여성은 저 하나였어요. 그래서 제가 가는 곳마다 여성용 화장실과 탈의실을 만들어야 했어요. 3공장에 갔을 때도 그랬고, 1공장도 마찬가지였죠. 부서 이동하고 처음에는 화장실이 없거나 멀어서 불편했고요.

1공장 도어 라인에서는 체력이 안 돼 힘들었어요. 여자라서 일 못 한다는 소리를 들을까 봐 남자들이 1대 작업할 때 저는 2~3대 더 하려고 노력했죠. 이곳 역시 처음엔 여자 화장실이 없어서 멀리 다녀야 했어요. 남자 동료들이 천천히 다녀오라곤 했지만, 그래도 눈치 보여서 자주 갈 수 없었어요. 제가 없는 동안 누군가는 일해야 하니까요.

4,000명 직원 중 여자가 저 하나이니, 늘 주목을 받았어요. 라인에서 미러를 장착할 때도 남자 동료와 양쪽에 서서 작업하면, 지나가는 사람마다 쳐다봤어요. 함께 일하던 동료가 그런 사람들을 향해 큰소리로 외쳤죠.

 - 형님, 우리는 원숭이다. 바나나 주고 가라!

남자들의 대화도 불편했어요. 제게 밤에 부인이랑 나눈 얘기를 하거나 이상한 영상을 보여주기도 했거든요. 정색하면 같이 일할 수 없을 것 같아서 어쩔 수 없이 그냥 넘겼어요. 지금은 여직원이 많아서 덜해요. 성평등 교육도 하니까요.

 - 말 잘못하면 큰일 난다. 미희가 걸면 큰일 난다.

자기들끼리 이런 말을 하더라고요. 조심해야 한다는 걸 아는 거죠.

생산 라인은 기본적으로 제 몸에 안 맞는 것 같아요. 자동차 문에 글라스를 붙이고 안에 들어가는 열선과 배선을 연결할 때 글라스를 머리 위로 들어 올려 장착해야 하는데 무게가 있으니까 힘들어요. 센서를 장착할 때는 왼손을 뻗어 볼트를 몇 개 들고 와서 오른손에 든 전동 공구로 조여야 하는데, 남자들은 손만 뻗으면 가져올 수 있는 걸 저는 몇 걸음 걸어가서 가지고 와야 하죠. 볼트를 조일 때는 전동 공구가 너무 무겁고요. 자동차 계기판 배선 작업을 할 때는 계기판 밑으로 손을 넣어 전기 배선 두 개를 연결해야 하는데, 팔이 짧아서 허리를 숙여야 하고 차체 패널에 가슴이 닿아서 불편해요. 모든 공정이 그런 식이에요. 그래도 저만 힘들다고 말할 순 없었어요. 그래서 일하다가 가벼운 타박상을 입거나 손이 꺾여 다친 적도 많아요. 제 공정이 끝나야 다음 사람이 작업하는데, 여자라서 밀린다는 소리가 듣기 싫어 급하게 일하다 보니 자주 다치는 거죠. 제일 힘들었던 건 외톨이라고 느낄 때였어요. 자재부서로 옮긴 뒤로는 라인에 매여 있지 않아서 좋아요.

애들 목욕시키고 있으니 다음에 오세요
1980년생 김진희(LG케어솔루션)

저는 LG전자 렌탈가전을 가가호호 방문해서 관리하는 매니저입니다. 정수기, 청소기, 공기청정기를 LG전자가 고객에게 임대하면, 우리가 일정 기간마다 고객 집에 가서 관리해주죠. 우리는 주로 40대 이상 여성이 많아요. 2020년 5월 27일에 노동조합을 만들어 금속노조에 가입했고, 1,000여 명의 조합원이 있어요. 고객을 직접 대면하는 서비스직으로, 감정노동이죠. 고객 만족, 고객 감동의 LG전자 매뉴얼 때문에 노동강도는 점점 세지는데, 정작 일하는 노동자들을 보호해주는 매뉴얼이 없는 게 문제라고 생각해요.

사례는 너무 많죠. 한 여성 조합원은 고객 집에 방문해 점검을 마치고 나왔는데, 귀중품이 없어졌다고 도둑으로 몰린 적이 있어요. 고객이 노발대발하며 경찰에 신고해 조사까지 받고 나왔는데, CCTV로 확인하니 고객님 가족이 손댄 것으로 밝혀졌어요. 나중에 다시 관리할 때가 돼서 방문했지만, 사과 한마디 없었대요. 모멸감도 들고 충격으로 트라우마가 생겨서 소속 사무소에 매니저 변경을 요청했는데 들어주지 않았어요.

고객 집에 방문하다 보면 고객이 안 계실 때가 종종 있어요.

- 제가 없어도 되죠? 우리집은 가져갈 게 없어서 괜찮아요.

고객은 무심코 농담 삼아 하는 말이겠지만, 저를 도둑으로 치부하는 것 같아서 속상해요.

한 집의 가전제품 점검 시간은 보통 15분에서 1시간이 걸려요. 남성 고객이 다 그런 건 아니지만, 우리는 언제 어디서 성희롱이나 성추행이 일어날지 모른다는 불안감을 가지고 일해요. 한 매니저는 고객 집에서 점검하고 있는데, 남성 고객이 너무 가까이에서 자신을 보고 있더래요. 그래서 뒤를 돌아봤더니 이 고객이 매니저 가슴을 스치는 행동을 했어요. 너무 무섭고 떨렸지만, 고객에게 항의했더니 대수롭지 않게 실수라고 했답니다. 여기에서 그치지 않고 이 고객은 매니저에게 각종 이미지 사진을 보내면서 밥 먹었냐는 등 안부를 묻는 카카오톡 메시지를 보내기도 했어요. 해당 사무소에 매니저 변경을 요구했는데, 너무 예민하게 받아들이는 것 아니냐고 하더래요. 그리곤 아무런 조치가 없었어요. 매니저는 이 고객의 다음 점검일이 다가오자 극심한 스트레스를 노조에 호소했고, 상담하는 저 역시 매우 힘들었어요. 노동조합이 함께 대응하기로 했지만, 매니저가 이 일로 불이익을 당할까 봐 그냥 참는다고 해서 대응을 못 했죠.

남성 고객이 아무렇지 않게 팬티만 입고 있거나 상의를 벗고 있어도 시비가 부담스러워 못 본 척할 수밖에 없어요. 어떤 여성 고객은 매니저에게 전화해 자신의 남편과 언제부터 연락했냐, 언제 만났냐면서 온갖 욕설과 폭언을 퍼부어 기가 막혔던 사례도 있습니다. 성희롱이나 성추행을 당해도 고객에게 직접 항의하기는 어려워요. 회사나 해당 사무소에 말해 봐야 대응책은 찾아볼 수 없고요. 고객의 집이 우리에게는 일하는 곳이잖아요. 고객 감동의 매뉴얼만 있고, 성희롱당했을 때 어떻게 한다는 매뉴얼은 없습니다. 이런 일이 발생하면 회사가 나서서 고객에게 경고하고, 다시 그런 일이 발생하면 계약을 해지해야 한다고 생각해요. 그래야 성희롱당한 고객의 집에 아무런 대책 없이 재방문하는 불안감을 안 겪을 수 있잖아요.

우리는 특수고용노동자예요. 자영업자로 등록돼 있어서 기본급이 없어요. 건당 수수료를 받기 때문에 몇 건을 관리하는지가 중요하죠. 고객과 일정을 조율하고 가도 집 앞에서 별의별 이유로 점검을 거부당하는 일이 많아요.

- 아기가 자고 있어서 안 되겠네요.

- 아기가 오늘 엄청 예민해요.

- 애들 목욕시키고 있어요. 다음에 오세요.

여기서 아기나 애들은 반려견들이죠.

어린 자녀가 있는 매니저도 많은데요. 일찍 퇴근하고 싶어도 맞벌이 고객들은 저녁 6시 이후에야 가능하다고 해요. 그래서 그 시간에 집 앞까지 갔는데, 갑자기 취소하는 경우도 많죠.

- 밥을 먹고 있어서 안 돼요.

- 남편이 자고 있어요.

- 아이가 공부하고 있어요.

막무가내로 전화를 안 받는 고객도 정말 많습니다. 이렇게 허탕을 치고, 다음 고객 방문을 위해 차에서 대기하거나 되돌아가면 그에 대한 보상도 없이 시간과 기름값을 날리는 거죠. 그럴 때마다 고객이 매니저들을 너무 하인 취급하는 것 같아서 화도 나고 우울합니다.

요즘 반려견 키우는 가정이 엄청 많아요. 고객 집에 방문하다 보면, 소형견부터 대형견까지 세 가구당 한 가구는 반려견이 있어요. 그런데 열에 아홉은 반려견이 무방비 상태로 풀려 있어요. 고객들은 정말 하나같이 똑같이 말하죠.

- 우리 애는 안 물어요.

렌탈가전 관리 노동자의 일터는 고객의 집이다. 고객에게 성희롱을 당하거나 고객의 개에게 물려도 회사는 아무런 조치를 해주지 않는다.

- 우리 애는 순해서 괜찮아요.

그런데 매니저들이 개에게 물리는 사고가 엄청나게 잦아요. 사고가 나면 고객이 그럽니다.

- 우리 애가 원래 안 이런데, 오늘따라 왜 이러지? 괜찮으세요?

물론 치료비는 나 몰라라 하고요. 전혀 괜찮지 않지만, 매니저들은 무방비 상태로 당한 놀람과 불안함을 제대로 표현도 못 하고 그냥 "괜찮습니다"라고 말해요. 고객 감동 매뉴얼 때문에 '죄송합니다, 감사합니다, 괜찮습니다'가 입에 붙어 있거든요.

개 물림 트라우마가 생긴 분들도 많아요. 그나마 노동조합이 생기고 방문 시 반려견을 분리해 달라는 고객 문자 메시지가 생겼지만, 매니저가 직접 고객에게 보내야 해요. 고객 입장에서는 문자를 받아도 의무가 아니다 보니 사고가 반복적으로 일어나고요.

고객뿐 아니라 회사의 관리자, 소장, 팀장에게 겪는 갑질이나 폭언도 많아요. 본사 관리자가 매니저들을 모아놓고 그러죠.

- 이 일도 못 하면 밖에 나가서 폐지나 주워라.

소장 말을 안 들으면 이런 얘기를 듣기도 해요.

- 인생을 왜 그렇게 살아? 그러니 이런 일이나 하는 거야!

노동조합이 생기고 나서는 그래도 회사 관리자들이 조심하는 분위기가 있어요.

대부분 사회생활을 하다가 결혼, 출산, 육아 등으로 경력이 단절되고, 생계를 위해 이 일을 하는 매니저들이 많아요. 건당 수수료를 받기 때문에 몇 건을 배정받는지가 중요하고 예민할 수밖에 없어요. 소장이나 팀장 마음에 들지 않으면, 일감을 빼앗기는 일이 비일비재하죠. 물론 이를 제재하는 어떤 규정도 매뉴얼도 없고요. 회사는 소장과 팀장의 재량이라며 떠넘기기만 해요.

2020년에 노조 만들고 교섭을 요구했지만, LG전자는 지금까지 교섭에 나오지 않고 있어요. 우리가 노동자가 아닌 자영업자이므로 교섭에 나올 의무가 없다고요. 중앙노동위원회에선 노조법상 우리는 노동자가 맞다고 인정받았어요. 그래도 회사가 교섭에 안 나와서 행정소송 중이에요. 회사는 여기서도 우리가 노동자라는 게 인정되면 교섭에 나온다네요. 2021년 말쯤에 결과가 나와요. 특수고용노동자라는 게 특별하게 이용하다가 소모품처럼 버려도 되는 노동자가 아니라는 걸 회사에 알려주고 싶어요.

12.

너의 무릎이
내 존엄보다 중요한가

2004년 금속노조에 처음으로 조직 내 성폭력 사건이 보고됐다. 쟁점은 2차 가해였고, 조직 전체가 부글부글 끓듯이 토론을 했다. 이를 계기로 금속노조의 '성폭력 예방과 근절을 위한 규정'에 2차 가해가 포함되었다. 재발 방지를 위해 조직적인 성평등 교육이 필요하다고 각성한 후로 17년이 지났다. 관련 규정에 모든 조합원이 1년에 한 번 성평등 교육을 받도록 명시했지만, 더 중요한 일에 밀려 오랫동안 제대로 진행되지 않았다. 처음에는 어떤 교육을 해야 하는지도 고민이었다. 여성단체에서 전문가를 불러 강의하고 조합원들에게 물어보면 "좋은 내용인데, 뭔가 우리 실정엔 안 맞는 것 같아요.", "너무 어려워요.", "이런 강의는 왜 해요?" 같은 평가가 반복됐다.

　한편 회사에서 발생한 직장 내 성희롱 사건에 대응하며, 노동현장에서 발생하는 성폭력 사건에 대해 굳이 전문가가 필요 없음을 확인했다. 금속노조 활동가가 전문가가 되어 조합원을 교육해야 한다는 결론에 이르러 몇몇 활동가가 양성평등교육진흥원에서 교육받고 직장 내 성희롱 예방 교육 전문

강사가 되기 시작한 것이 2010년 무렵이다. 2015년부터는 민주노총이 노동부의 위탁을 받아 직장 내 성희롱 예방 교육 전문강사를 배출하는 기관이 되어 해마다 30여 명의 강사를 배출하고 있으며, 금속노조도 이를 통해 2021년 현재 30여 명의 전문강사가 있다. 강사단 회의에서 공통 교안을 만들고, 전국의 조합원들에게 교육한다. 성평등 교육의 주제는 매우 다양하지만, 아직은 성폭력, 직장 내 성희롱의 개념, 내 주변에서 성폭력 사건이 발생했을 때 어떻게 해야 하는지, 피해자 보호와 지원이 왜 중요하며 그 방법은 무엇인지를 반복해서 교육한다. 더 다채로운 페미니즘 교육을 하고 싶지만, 아직은 전국의 노동현장이 언제든 직장 내 성희롱이 발생할 수 있는 응급상황이라는 느낌이 강하다. 직장 내 성희롱이 발생했을 때 가해자가 아닌 피해자에게 책임을 돌리고, 피해자를 공식적으로 처벌하거나 비공식적으로 괴롭혀 내모는 경우가 여전히 많기 때문이다.

여기에 소개된 사례 외에도 조직 내부나 회사에서 성폭력 사건이 발생해 대응한 경우가 많다. 이제 금속노조에는 성폭력 사건이 발생했을 때 어떻게 피해자를 만나야 하는지, 어떤 과정과 절차로 처리해야 하는지 피해자 중심주의에 입각한 매뉴얼도 있다.[16] 아직은 여기까지지만, 그래도 여기까지 왔다. 노동조합에서 반성폭력 운동을 하게 된 언니들의 이야기를 들어보자.

2차 가해가 뭔지도 모르던 시절
1966년생 임혜숙(평등사회노동교육원 부원장)

1999년 금속산업연맹에 처음으로 여성국이 생기고 제가 여성국장이 됐어요. 1998년 정리해고 투쟁 이후 현대자동차 식당 여성 조합원 문제 등 노동조합이 여성 문제를 고민해야 할 필요가 생긴 거죠. 당시 민주노총에 가입한 연맹 중 금속산업연맹만 전담 여성국이 있었고, 다른 연맹은 여성국이 없거나 겸직이었어요. 그러니 여성국 전임을 둔 것 자체가 의미 있었어요.

한번은 금속산업연맹 사무처에서 성폭력 사건이 발생했어요. 대책위를 꾸려 조사하고 소속 사업장에 가해자 징계를 권고했는데, 유야무야 넘어갔어요. 가해자 부인이 나우누리 피시통신에 글을 올리는 등 2차 가해도 심각했고요. 그때는 2차 가해의 개념도 없었어요. 결국 피해자가 금속산업연맹을 그만두기에 이르렀죠. 피해자를 제대로 보호하지 못한 거예요. 그래서 좌절감이 컸고, 반성도 많이 했어요. 이 사건이 조직 내

---

16   금속노조, "2018년 금속노조 성폭력 예방 및 사건대응 매뉴얼".

에서 성폭력 사건을 처리하는 데 새롭게 각성하는 계기가 됐어요.

피해자가 너무 똑부러지게 말해서 불편해요
1973년생 권수정(현대자동차 사내하청)

2004년 7월 4일 금속노조 전 간부가 상경해 여의도에서 노숙농성을 하는데, 구미지부 오리온전기지회 조직부장이 자고 있던 저의 카디건 지퍼를 내렸어요. 그래서 금속노조에 성폭력사건으로 공식 제소했어요. 제소하는 회의를 하기 전에 가해자와 소속 지회장이 저를 찾아와 사과한다는 거예요. 뭘 사과하는 거냐고 물었더니 지퍼를 내린 행위는 기억나지 않는다고 했어요. 가해자는 가만히 있고, 지회장이 말했어요.

 - 우리 지회가 현재 구조조정 투쟁 중입니다. 굉장히 어려운 상황이니, 이해 좀 해주세요. 제가 무릎이라도 꿇겠습니다. 남자가 무릎 꿇는 게 무슨 의미인지 아십니까? 제가 무릎 꿇고 사과할 테니 받아 주시죠.

 그리고는 의자에서 벌떡 일어나 무릎을 꿇으려는 거예요. 저를 바보로 취급하는 것 같아서 그러지 말라고 했어요. 정말 기억나지 않는다면, 왜 저를 찾아와 사과하는 걸까요? 성폭력을 인정하지 않는 사과가 무슨 의미가 있겠어요? 남자가 무릎

끓는 게 뭐 그리 대단한 건지도 모르겠고, 힘든 구조조정 투쟁을 하니까 성폭력 행위를 없었던 것으로 하자는 것에 동의할 수 없었어요. 금속노조는 1년 365일 날마다 투쟁해요. 이걸 동의하면, 그 모든 투쟁 현장에서 성폭력이 발생해도 투쟁을 위해 피해자들이 입 다물고 살아야 한다는 거잖아요.

이후 충남지부가 제 의견을 받아서 노조에 공식적으로 사건을 제소했어요. 그런데 며칠 후 구미지부에서 충남지부로 공문이 왔어요. 이 사건은 성폭력 사건이 아니라는 내용으로요. 제 요구는 가해자 사과, 성폭력 2차 가해 인정이었어요. 가해자 행위보다 이를 부정하는 조직이 더 문제라고 생각했거든요. 진상조사위원회가 구성됐지만, 가해자가 조사에 응하지 않았대요. 저는 이 사건이 논의되는 노조 중앙집행위원회, 중앙위원회, 대의원대회에 직접 참석했어요. 제 눈으로 똑똑히 보고 싶어서요.

- 오랫동안 구미에서 가해자와 함께 투쟁하며 신뢰가 쌓였는데, 그 사람이 안 했다는 걸 믿어준 게 왜 2차 가해냐?

- 2차 가해? 그게 뭔지 나는 모른다. 오늘 회의에서 가해자를 지지하면 3차 가해냐?

중앙집행위원회 쉬는 시간에 제게 진지하게 충고했던 한 동지의 말도 기억나요.

- 나는 동지 의견에 동의해요. 그런데 동지가 너무 똑 부러

지게 말하니까 중앙집행위원회 동지들이 불편해해요. 그러니까 말을 좀….

- 지금 저더러 멍청하게 보이도록 말하라는 건가요?

이제껏 노동운동하면서 자기 의견을 또박또박 말하는 게 문제라는 건 그때 처음 들었어요. 결국 중앙집행위원회와 중앙위원회에서는 2차 가해를 인정하지 않았고, 10월 대의원대회에서 2차 가해가 인정됐어요. 저는 피해자로서 발언했어요.

- 만약 동지들이 2차 가해를 인정하지 않으면, 저는 성폭력 사건이 없었는데 있었다고 말하는 미친년이 됩니다. 동지들이 2차 가해를 인정하지 않으면, 저는 앞으로 동지들과 함께 투쟁할 수 없습니다. 금속노조 지침으로 집회나 농성에 참석했다가 성폭력 사건이 일어나도 그런 일이 없었다고 말해버리면 그만이니까요. 2차 가해를 인정하지 않는다는 건 성폭력을 승인하는 꼴입니다.

제 발언이 끝난 뒤 안건토론에서 대의원 3명이 발언했어요. 둘은 2차 가해를 인정할 수 없고 2차 가해가 뭔지 모르겠다고 주장했어요. 그런데 세 번째 대의원의 발언이 아직도 기억나요.

- 대의원 동지들, 2차 가해라는 말이 왜 어렵습니까? 일제 강점기 때 일본이 정신대 할머니들을 끌고 가 성폭행했습니다. 그런데 시간이 지난 지금 그런 짓을 안 했다고 합니다. 책임도 못 지겠다고 합니다. 이게 2차 가해 아닙니까? 어렵지 않

습니다. 대의원들이 판단합시다.

회의장이 조용해지더라고요. 이후 표결에 들어갔고, 과반수의 대의원이 2차 가해를 인정했어요. 이 사건을 계기로 금속노조는 반성폭력 규약에 2차 가해 개념을 넣고, 2차 가해도 성폭력 사건과 동일하게 처리한다는 기준을 정했어요.

2차 가해 인정하라
1966년생 임혜숙(평등사회노동교육원 부원장)

중앙위원회에서 한 중앙위원이 자료를 찢으며 퇴장해 버렸어요. 결국 2표 차이로 2차 가해가 인정되지 않았어요. 대의원대회에서 여성 간부들이 따로 모여 회의를 했는데, 비장한 분위기였어요.

- 이 대의원대회에서 2차 가해로 결정되지 않으면 마지막이다!

그리고 대의원들 종이컵에 2차 가해를 인정해 달라는 내용의 스티커를 붙이고, 껌 종이에 '2차 가해 인정하라'고 써서 식사시간에 나눠줬어요. 회의 장소에서는 여성 간부들이 피케팅을 했고요. 회의 도중에 대의원들이 퇴장하면, 몸으로 막자고 결의했죠. 결국 찬반투표 결과 2차 가해가 인정됐어요. 성폭력 인정, 2차 가해 인정, 피해자의 치유 비용 지원이 일괄 정리되고, 2차 가해자는 징계위원회에 넘겨졌어요.

대의원대회가 끝난 뒤 저와 여성 간부들의 행위가 조직 질서 위반이라며 징계 이야기가 나왔어요. 당시 저를 비롯한 피해자를 대변하는 간부들에 대한 2차 가해가 심각했어요. 그런데 제게 대의원대회가 끝난 뒤 중앙집행위원회 회의에 와서 유감 표명을 해달라는 거예요. 잘못했다고는 안 해도 '유감'이라고 말해 달라고요. 저는 못 하겠다고 했어요.

- 유감 표명을 안 해서 문제가 된다면, 저를 자르세요.

결국 저는 중앙집행위원회에 가지 않았고, 제 징계 안건도 없어졌죠.

성폭력 사건 피해자를 부위원장으로 승인한 조직
1973년생 권수정(현대자동차 사내하청)

대의원대회 끝나고 약 1달 후 가해자와 소속 지부 간부들이 찾아와 사과했어요. 왜 처음부터 사과하지 않았냐고 물었더니 지회장이 말렸대요. 지회가 구조조정 투쟁 중인데, 지금 사과하면 성폭력을 인정하는 것이고, 이를 회사가 공격할 거로 생각해서요. 늦게라도 사과해줘서 고마웠어요. 뭐랄까, 마침표를 찍을 수 있게 해준 느낌이었거든요.

금속노조 부위원장이 되고 나서 성폭력 사건 피해자나 대책위원들을 만났더니 이렇게 물었어요.

- 보통 성폭력 사건이 발생하면, 2차 가해 때문에 피해자가 사라져요. 설사 가해자가 징계받는다고 해도 조직 성원들이 피해자를 멀리해서 조직을 탈퇴하거나 운동을 정리하는 경우가 많죠. 피해자가 조직의 부위원장이 되다니, 금속노조는 어떻게 그게 가능한 거예요?

대의원대회 이후 저는 가해자의 사과를 받고 마침표를 찍었죠. 제 인생에서 없었던 일로 하고 싶었거든요. 그런데 집회에 가면, 모르는 사람인데 저 멀리서 제 이름을 크게 부르며 인사하는 동지들이 있어요. 제가 지나가면 인사하며 길을 비켜주고, 깔판을 찾아 두리번거리면 깔판을 내주고, 추운 날에는 손에서 손으로 따뜻한 커피가 전해지고요. 저는 대의원대회에서 2차 가해를 인정받은 후 어디에 가든 편했어요. 금속노조 동지들이 저를 응원한다는 걸 그들의 눈빛과 태도를 보며 저절로 알았으니까요.

- 저는 2004년 금속노조에 보고된 첫 번째 성폭력 사건의 피해자입니다. 금속노조는 투쟁에서만 선봉이 아닙니다. 반성폭력 전선에서도 선봉입니다. 우리는 이미 2004년에 조직적인 토론을 통해 2차 가해 개념을 규정에 넣었고, 2020년에는 조합원들이 조직 내 성폭력 사건의 피해자를 부위원장으로 승인한 조직입니다. 저는 이것이 자랑입니다.

이 모든 일이 아름답게 마무리되도록 하소서

1973년생 권수정(현대자동차 사내하청업체)

현대자동차 아산공장 사내하청에서 14년 동안 그랜저와 소나타 검사일을 했던 여성노동자가 2004년부터 업체 관리자인 조장과 소장에게 지속적으로 성희롱을 당했어요. 참고 참다가 2010년 8월 금속노조에 가입해 사건을 제보했고, 이때부터 제가 피해자 대리인이 되어 마무리까지 함께했어요. 9월 3일에는 국가인권위원회에 진정을 넣었어요. 그랬더니 9월 20일 하청업체 금양물류가 인사위원회를 열어 '회사 내에 선량한 풍속을 문란하게 하여, 사회 통념상 근로관계를 계속 유지하기 곤란한 경우'라며 피해 여성노동자만 해고했죠.

이에 피해자 언니가 9월 27일부터 아산공장 앞에서 부당해고 철회를 요구하며 1인 시위를 했어요. 10월 14일 정규직 관리자와 용역경비들이 몰려나와 피해자에게 "현대 땅에서 나가라!", "아줌마는 부끄러운 줄도 몰라? 여기가 어디라고 와서 지랄이야"라고 욕을 하며 언니를 인도에서 밀어냈어요. 이 과정에서 넘어져 전치 4주의 진단을 받고 병원에 입원했다가 2주 만에 퇴원해 아산공장 정문 앞에 앉아 농성을 시작했어요.

현대자동차는 11월 4일 하청업체 금양물류를 폐업해버렸어요. 피해자가 14년 일하는 동안 모두 8번 폐업했을 때와 마찬가지로, 가해자를 포함해 모든 노동자의 고용이 새로 온 하청업체 사장에게 승계됐죠. 억울하게 해고된 피해자만 겨우내 아산공장 앞에서 추위와 정규직 관리자, 용역경비의 모욕적인 폭행을 견디며 농성을 한 거예요. 천막이라도 치려면 현대자동차 정규직 관리자와 용역경비 300여 명이 칼과 각목을 들고 나와 천막을 찢고, 같이 농성하던 비정규직 조합원들을 폭행해서 수십 명의 조합원이 중상을 입고 병원에 입원하기도 했어요. 두 번을 그렇게 당하니 천막은 엄두가 나지 않더라고요. 폭설이 쏟아져서 비닐이라도 덮어 눈을 피하려고 해도 정규직 관리자와 용역경비들이 몰려나와 비닐을 빼앗고 찬물을 뿌려 농성하는 바닥이 빙판이 되기도 했어요. 항의하면 "XX년들아, 마음대로 해봐"라며 쌍욕을 하고 비웃었어요. 당시 부위원장이던 김현미 동지가 공장 앞에 왔다가 그 꼴을 보고는 해도 해도 너무한다며 분통을 터트리던 게 기억나네요.

해가 바뀌어 2011년 1월 14일 국가인권위원회의 결정문을 받았어요. 직장 내 성희롱이 맞으며, 성희롱을 인지한 회사의 고용상 불이익을 인정하는 내용이었죠. 가해자 조장과 소장, 그리고 금양물류 사장에게 각각 300만 원, 600만 원, 900만 원의 손해배상도 권고했어요. 그러나 결정이 나온 후에도 가해자들은 사과 한마디 없고, 현대자동차는 자기들과 상관없는 일이라며 모르쇠로 일관했죠. 문제는 금양물류가 이미 폐업했기 때문에 피해자가 복직하려면 새로 온 형진기업에 고용돼야 하는데, 형진기업은 피해자를 해고한 회사가 아니므로 고용의 의무가 없다는 거였어요. 그래서 5월에 서울 상경투쟁을 결정하고, 여성가족부 앞에서 농성을 시작했어요.

― 내가 여기서 멈추면 비정규직 사내하청 여성노동자는 직장 내 성희롱을 당해도 참아야 한다고 인정하는 거니까 도저히 멈출 수가 없어. 내가 성희롱을 당했고, 그 사람이 가해자라는 걸 국가인권위원회가 인정했는데도 회사에 돌아가지 못한다면, 어떤 여성노동자가 성희롱을 당했다고 말할 수 있겠어?

저는 언니의 말에 마음을 다잡았죠.

― 그래, 할 수 있는 건 다 해보자. 서울 올라가서 아무리 노력해도 안 되면 그때 내려오는 거다. 그래도 할 수 있는 건 다 해보자. 왜냐하면 우리는 사람이니까. 누가 뭐라 해도, 생산현장에서 관리자가 몸을 달라고 하면 그걸 들어주면서 살 순 없다. 아무리 우리가 힘이 약한 비정규직 여성노동자이고, 아무리 현대자동차가 법 위에서 군림하는 힘을 가졌다 해도 그럴 순 없다. 직장 내 성희롱이 발생했을 때 가해자를 보호하고 피해자를 해고해선 안 된다. 아무리 현대자동차라 해도 안 된다. 우리는 사람이니까 성희롱당하며 일할 수는 없다. 그래선 안된다.

이후 농성을 하면서 근로복지공단에 직장 내 성희롱에 대한 산재신청을 했고, 11월 25일 근로복지공단 천안지사로부터 직장 내 성희롱으로 인한 우울장애에 해당한다며 산업재해로 인정받았어요. 제조업 사업장에서 직장 내 성희롱이 산업재해로 인정된 최초의 사례였죠. 이때부터 뭔가 분위기가 바뀌었다는 느낌이 들었어요. 결정적인 건 11월 30일 진행된 '전 세계 1인 시위' 국제행동이었습니다. 많은 나라 동지들이 여성노동자를 성적으로 괴롭히고 해고한 현대자동차가 부도덕하며, 자신들은 피해자를 응원한다는 피케팅을 하고 사진을 보내왔어요. 그중 전미자동차노조가 미국 전역 70여 곳의 현대자동차 공장과 영업소 앞에서 피케팅을 한 것이 결정적

현대자동차 사내하청업체는 '선량한 풍속을 문란하게 했다'며 성희롱 피해자를 해고했다.

이었어요. 이에 회사가 교섭하자고 했고, 두 번 만나고 합의했죠. 김현미 부위원장이 노동자 측 대표로 교섭했는데, 회사 태도가 이미 합의하기로 마음먹고 나왔대요. 그래서 가해자 처벌, 피해자 원직복직, 업체가 폐업할 경우 고용승계, 해고 기간 임금 지급에 대해 합의했어요. 한 동지가 아기 무덤 같다고 한 조그만 주황색 텐트를 치고, 5월 말에 시작해 12월 초까지 198일간 지속한 투쟁이 승리로 마무리된 거예요. 초라하지만 풍요로운 농성장이었어요.

처음에는 불가능한 싸움이라고 생각했어요. 직장 내 성희롱을 당한 여자가 길바닥에 앉아 '나 성폭력 당했어요. 억울해요. 복직하고 싶어요'라고 외쳐야 하는 투쟁을 도대체 어떻게 하나 싶어서요. 여러 단체가 농성지원 대책위원회를 만들어서 아기자기한 사업들을 많이 했어요. 여기에 수많은 사람이 연대했고요. 농성장을 만들면서 인도에 피켓을 깔아놓는데, 첫날부터 한 시민이 멈춰 서서 내용을 유심히 읽더니 아이스크림이랑 커피를 슬그머니 주고 가는 거예요. 정말 매일 그렇게 시민들이 응원해줬어요. 날마다 학생들도 찾아오고, 대책위 단체들도 돌아가면서 같이 농성해줬고요. 수익사업으로 주점을 하면 2,000만 원 넘게 수익이 남고, 티셔츠를 만들어 팔면 2,000장이 금방 팔렸어요.

찬바람이 불 때쯤 라디오 방송과 인터뷰했는데, 방송을 들던 한 여성이 퇴근하던 차 안에서 펑펑 울었대요. 자기도 회사에서 그런 일을 당했는데, 고민 끝에 회사를 그만둘 수밖에 없었다고요. 도저히 엄두가 안 나서 회사에 말하지 못했는데, 어

2011년 11월 30일, 직장 내 성희롱 피해자를 해고한 현대자동차를 비판하며 전미자동차노조 조합원들이 미 전역 70여 곳의 현대자동차 공장과 영업소 앞에서 피켓 시위를 벌였다.

떻게 농성할 생각을 했냐며 우리를 찾아왔어요. 그러더니 그 다음 주엔 날이 추워진다며 이불을 사왔더라고요.

언론사 여성 기자들도 각별했어요. 한 일간지 기자는 기사만 써주는 게 아니라 여성가족부 장관에게 전화해 이 문제를 해결하라고 항의했어요. 한 방송국 여성 피디는 우리를 인터뷰해 편집까지 마쳤는데, 데스크에서 다른 정치 이슈를 먼저 다뤄야 한다며 차일피일 미룬다고 농성장에 와 하소연하기도 했어요.

하루는 언니가 다니던 인주면 교회 목사님이 찾아와 기도해줬어요.

- …이 모든 일이 아름답게 마무리되도록 하소서. 아멘.

깜짝 놀랐죠. 우리는 투쟁할 때 꼭 이기게 해달라고 기도하잖아요. 그런데 아름답게 마무리되도록 해달라고 기도하는 거예요. 투쟁에서 패배하는 것도 아름답게 마무리되는 걸까? 어떻게 싸우는 게 아름다운 투쟁일까? 신선한 바람이 몸을 한번 관통하는 것 같더라고요.

이 농성을 하기 전의 권수정과 이후의 권수정은 전혀 다른 사람이에요. 연대는 힘들게 싸우는 동지들에게 당장 승리를 가져다주진 못하죠. 하지만 연대는 힘들게 싸우는 동지가 하루하루 버틸 힘을 줘요. 풍요롭고, 무엇보다 아름답죠. 우리가 만들어가는 세상이 그 농성장의 하루하루와 닮았을 거라고 생각해요.

센 언니들이 만든 성폭력 예방과 근절을 위한 규정
1975년생 김은혜(금속노조 여성국장)

2015년 금속노조에 출근한 지 얼마 안 됐을 때 현장순회 일정이 잡혔어요. 그런데 조합원들이 금속노조 간부들을 알아보고 반갑게 인사하더라고요. 정말 신기했어요.

　- 아, 금속노조는 중앙부터 현장까지 서로 피가 흐르듯이 소통하는구나. 이게 진짜 산별노조야!

　그때 금속노조라는 하나의 큰 덩어리 안에 제가 들어왔다는 실감이 확 났어요.

　여성 사업을 하면서 여러 가지 어려움이 있었어요. 이전에는 금융권 노조에서 일했는데, 제조업은 현장 자체가 달라서 여성 노동에 대한 차별 형태도 다르더라고요. 그래서 이전의 경험은 크게 쓸모가 없었죠. 노조 여성 사업의 주요 과제는 노동에서의 성차별을 해소하는 거로 생각했는데, 금속노조는 성폭력 문제에 더 많이 집중해서 고민이 많았어요. 하지만 그게 맞고 안 맞고를 떠나서 당장 성폭력 사건이 발생했을 때 제대로 처리해야 하니까, 많이 공부하고 노력해야 했어요.

　성폭력 사건 처리는 늘 어려워요. 사람의 인생이 걸린 문제라 그런가 봐요. 인생 문제라고 표현하면 너무 거창한 것 같지만, 다른 표현은 생각이 안 나네요. 성폭력 사건이 노조에 접수되면, 그 사건을 다루는 조직과 사람이 어떻게 하느냐에 따라서 피해자가 사건을 극복하고 일상으로 돌아가는 데 도움이 되기도 하고, 2차 가해로 오히려 더 힘들어지기도 해요. 그래서 사건이 접수되면 늘 긴장되고 부담스러워요.

가장 어려운 건 '피해자 중심주의'에 대한 오해예요. 이게 피해자가 시키는 대로 다 하는 건 아니거든요. 사건의 맥락을 이해할 때 피해자 입장에서 해석하고, 그 해석에 근거해 해결 방안을 내고자 하는 게 '피해자 중심주의'인데, 가끔 피해자의 의견을 조직이 모두 수용해야 하는 것으로 오해하는 사람들이 있어요. 어느 조직이나 규약과 규정을 비롯한 운영원리가 있고, 또 한계도 있죠. 그런 것들을 피해자나 대리인과 토론하는 게 어려웠어요. 그래서 그런 경험을 모아 '금속노조 성폭력 예방 및 사건대응 매뉴얼'에 담았어요.

데이트 성폭력 사건을 다룰 때는 피해자가 당시 느낀 무력감과 절망감이 고스란히 느껴져서 힘들었어요. 반대로 사건 처리가 잘 돼서 피해자가 일상으로 돌아간 경우도 있죠. 처음에 이 사건을 접수했을 때는 남성이 많은 사업장이라 정서적 저항이 심할 것 같아서 걱정을 많이 했어요. 그런데 남성들이 적극적으로 사건 해결을 위해 노력해줘서 놀랐어요. 특히 책임자들이 피해자를 직접 만나 지지하고 격려해줘서 빨리 회복할 수 있었죠. 기억나는 사건이 또 하나 있어요. 15년 전 강간 사건을 피해자 언니가 공론화했는데, 공소시효가 끝나서 아무것도 못 하는 상황이었어요. 사건 해결을 위해 여성위원회 전체가 간담회를 하러 사업장에 갔는데, 현장에 2차 가해가 많이 퍼진 상황이었어요.

　- 연애하다가 여자가 수틀려서 신고한 거 아니야?

　이런 식이었죠. 여성위원들이 준비한 피켓을 들고 공장 식당에서 1인 시위를 했어요. 늦가을이어서 꽤 추웠는데, 두꺼운 옷 위에 일부러 금속노조 조끼를 입고 명찰 달고 식당에서 피케팅을 하니까 조합원들이 유심히 보더라고요. 그 후에 가해자 전출과 징계 문제가 해결됐어요. 금속노조 여성위원회가 조직적으로 움직여서 문제 해결의 계기가 된 게 의미 있었어요.

　금속노조에서 '성폭력 예방과 근절을 위한 규정'을 중심으로 사건을 처리하다보면 그런 생각이 들어요.

　- 이 규정을 만들기 위해 얼마나 많은 언니가 조직 안에서 싸웠을까….

　그 대단한 언니들을 인터뷰하면서 만나 얘기를 들을 수 있어서 좋았어요. 멀리서 보면 죄다 싸움의 고수 같은데, 막상 얼굴 보며 대화해보니 다들 너무나 차분하신 분들이더라고요.

13.

똑똑하고 부지런하고
대차게

2021년 5월 '금속노조 조직문화 개선을 위한 설문조사'를 했다. 금속노조에서 일하면서 성별, 나이, 위계에 따른 직무 차별을 느낀 적이 있는지, 사생활 침해를 비롯해 차별적 언어를 들은 적이 있는지 등을 물었다. 57명의 중앙 및 지역 사무처 활동가들이 설문에 참여했는데, 금속노조 내부에도 차별을 느껴본 이들이 꽤 많았다.

- '커피는 여자가 타줘야 맛있지'라는 말을 들어 본 적 있다.

웃을 일이 아닌데 웃음이 나왔다. 지금 시대에 평등사회 건설을 목표로 하는 금속노조 안에서 이런 말을 듣다니, 놀라웠다.

- 막내니까 네가 해라.

성별뿐 아니라 나이에 의한 위계와 차별을 느꼈다는 대답도 여럿 있었다.

- 집은 어디냐? 결혼했냐? 혼자 사냐?
- 남편 밥은 차려주냐? 아침밥도 못 얻어먹는 남편이 불쌍하다.

결혼과 출산 등 사생활에 대한 차별적 언어를 들은 경우는 매우 많았다. 이 설문조사 결과가 보여주는 것은, 금속노조 활동가 역시 가부장제 사회에 산다는 것이다. 총 10개 설문조사 항목 중에는 조직문화 개선을 위해 무엇을 해야 할지에 대한 질문이 있었는데, 많은 활동가가 '교육, 또 교육, 반복적인 교육'을 말했다. 2022년에는 이 설문조사 결과를 바탕으로 조직문화 개선을 교육해야 하는 구체적인 과제가 남아 있다.

이제 노동조합 활동을 하는 여성 간부들의 이야기를 들어 보자. 얼마 전까지만 해도 '명예 남성' 소리를 듣던 언니들로, 어딜 가든 튀는 존재다. 노동조합 내부를 향해서도, 회사를 향해서도, 경찰을 향해서도, 시시콜콜 끈질기게 싸우는 여자들이 때론 패하고, 때론 뚝심으로 이기며 여기까지 왔다.

여성 활동가는 늘 모범이 되어야 해요
1968년생 엄희영(광주지역금속지회)

1990년대에 대우전자 광주공장에서 일했어요. 한국노총 사업장이었고, 거기는 남성 위주로 인사고과를 매겼어요. 하다못해 견학도 남자만 보내고, 호봉도 달랐어요. 여성도 똑같이 대우하라고 계속 요구해서 견학도 가고 1월에는 2호봉씩 올랐죠.

우리 부서에 노조 감사가 있는데, 파트장에게 자기는 노조 임원이니 잔업을 안 해도 잔업수당을 달라고 한 거예요. 파트 장이 엄희영 씨도 노조 간부인데, 누구는 올려주고 누구는 안 올려주면 불공평해서 안 된다고 했대요. 그리고는 저를 불러 노조 활동하는 두 사람 다 잔업수당을 올려주겠다며 제 의견 을 물었어요.

- 나는 이 돈 받으려고 노조 활동하는 게 아닙니다. 필요 없 습니다. 사람들이 내가 잔업을 하는지 안 하는지 뻔히 아는데, 특혜를 받으면 뭐라고 하겠어요?

노조 활동가는 스스로 철저해야 하고, 늘 모범이 되어야 한 다고 생각해요. 라인에서 붙박이로 일하는 것보다 지원부서가 편해요. 그래서 남성 간부들은 대의원이 되면 지원부서로 빠 져요. 회사가 봐주는 거죠. 저뿐 아니라 여성들은 그렇지 않아 요. 저한테도 검사부서로 옮기라는 제안이 왔지만, 양심에 찔 려 갈 수 없었어요. 노조 상근 자리가 난 적도 있어요. 종일 라 인에서 일하는 건 정말 힘들거든요. 생리할 때도 불편하고요. 그래서 상근 자리로 가고 싶었는데, 도저히 못 가겠더라고요. 저는 현장에서 조합원들과 함께 있어야 마음이 편해요.

똑똑하고 부지런하고 대차야 살아남아요
1962년생 김현미(금속노조 전 부위원장)

1997년 남부금속 사무처장을 할 때는 총파업 시기라 찬바람 속에서 매일 집회해도 피곤하지 않았어요. 그때는 남부금속에 소속된 사업장이 많았어요. 교섭이 얼마나 많은지 어디서 뭘 합의하고 왔는지도 헷갈릴 정도로요. 처음에는 남성이 많은 기계 사업장 사정을 잘 몰라서 무슨 말을 하는지도 모르겠고, 참 힘들더라고요. 회사도 말을 안 듣고, 조합원들도 저를 여자라고 우습게 봤어요. 겉으로는 여자라고 배려해주지만, 존중하지는 않죠. 그러니까 똑똑하고 부지런하고 대차지 않으면 살아남지 못해요.

당시 노조 사무실에 출근하는 여성 간부는 저 혼자였어요. 매일 아침 출근하면 책상이나 탁자에 담뱃재가 가득한 종이컵이 잔뜩 쌓여 있었어요. 그걸 1년 동안 치우다가 앞으로 너희가 치우라고 했죠. 그러다가 서울지부장이 돼서 왔는데, 마이크로 출신의 부지회장이 유일한 여성이었어요. 노조 사무실에 가끔 가보면 부지회장이 밥을 하는 거예요. 그래서 제가 한 번만 더 시키면 가만두지 않겠다고 했어요. 그때는 성평등 개념이 없었죠. 부위원장 할 때는 1박 2일 일정으로 지방 출장을 다녔어요. 혼자 여관에서 자는 것도 불안하고, 남성 간부들은 여관에 모여 술도 마시는데, 저는 그런 게 불편하더라고요.

임원들이 제 말을 건성건성 듣는다는 느낌이 들 때도 있어요. 여성 사업에 관해 이야기하면, 별로 관심이 없는 거예요. 뭔가를 결정하면 같이해야 하는데, 여성 사업에는 조직적인 힘을 싣지 않는 거죠. 그래서 늘 혼자 할 수밖에 없었어요. 간부들도 여성 의제와 관련해서는 보통 사람들과 수준이 똑같아요.

금속노조에 여성위원회를 만든 언니

1960년생 정영자(현대자동차)

1998년 정리해고 투쟁 이후 2002년경에 여성부장을 맡았어요. 처음으로 여성 관련 단체협약 요구안을 만들어 직장 보육시설을 마련하기로 합의했죠. 그런데 막상 조합원들에게 신청을 받았더니 소수인 거예요. 그때는 보육시설에 대한 개념이 없었던 거죠. 결국 여성 조합원 26명만 이용하겠다고 해서 아쉬웠어요. 좀 더 많이 신청했다면 처음에 지을 때 더 크게 지을 수 있었을 테니까요.

한번은 현대자동차, 기아자동차, 대우자동차, 쌍용자동차 4개 지부가 수련회를 했어요. 참석한 간부들만 200명이 넘었는데, 여자는 나 혼자밖에 없는 거야. 간부들과 인사하며 제가 따졌어요.

- 안녕하십니까? 현대자동차 정영자입니다. 그런데 너무들 하시는 거 아닙니까? 이곳에 간부가 200명 넘게 모였는데, 어떻게 여성이 나 하나밖에 없습니까? 이건 대단히 문제 있는 겁니다.

그랬더니 기아자동차 대외협력실장이 자기네도 여성 실장이 있다고 하더라고요. 이후 조미자 실장과 함께 금속연맹 위원장에게 조직에 여성 임원과 여성위원회가 없는 문제를 따졌어요.

-시킬라 케도 할 사람이 없습니다.

위원장의 말에 일단 여성위원회부터 만들어 달라고 했어요. 우리가 하겠다고. 그래서 조미자 실장이 금속연맹 여성부위원장으로 출마하고 여성위원회를 만들었죠. 저는 그동안 노조에서 소위원, 대의원, 여성부장, 여성실장으로 일했어요. 민주노총 여성 할당 부위원장과 현대자동차지부 2공장 사업부 대표직에도 출마했고요. 낙선했지만, 여성도 사업부 대표로 나올 수 있다는 걸 보여주고 싶었거든요.

여성이라는 꼬리표

1975년생 이순옥(현대아이에이치엘)

1995년 현대아이에이치엘에 입사했어요. 컨베이어를 타고 온 기계를 검사해 포장하는 일을 하죠. 우리 회사엔 70%가 여성입니다. 2007년에 제가 최초로 여성 지회장이 됐어요. 여자가 무슨 지회장을 하느냐는 말이 자연스럽게 나올 때였어요. 보수적인 영감쟁이들이 대놓고 말했어요.

- 뭐 한다고 여자가 나와 가지고. 노동조합 말아먹을 일 있나?

저와 같이 출마한 남성들도 공격했어요.

- 니는 여자 밑에서 일하고 싶나?

임기 끝난 뒤에는 그런 말이 쏙 들어가더라고요. 주위에서 많이 도와주기도 했고, 강하게 보이려고 많이 노력했거든요. 그러다 보니 회사 측과 만날 때는 더 세게 말이 나갔어요.

- 니 나한테 거짓말하면 입 잡아 째뿐다!

2년 후 경주지부 사무국장으로 출마했을 때도 여자가 무슨 임원을 하느냐는 말을 들었어요. 그리고 최초의 노조 여성 임원 출마자, 최초의 여성 당선자, 최연소 나이 등이 꼬리표처럼 따라다녔죠.

경주지부에서 처음으로 여성위원회 사업을 할 때 여성의

날 행사를 기획했어요. 그런데 남성들이 예산이 없다는 이유로 반대하더라고요. 그래도 밀어붙여서 진행했어요. 노조에서 여성은 총무 외에는 할 일이 없다고 생각하기도 했어요. 신규 사업장에 조직사업 하러 가면, 술도 마시고 밤늦게 상담도 해야 하는데 여성은 못 한다는 거예요.

　- 여자가 기동성이 되나?

　이런 질문이 많았어요. 경주지부는 3,000명 중 500명이 여성이라 금속노조 가운데 여성 조합원 비율이 높은 편이에요. 그런데도 여성이 노조 간부를 하는 것에 여전히 편견이 많아요. 물론 여성 간부를 지지하고 응원하는 조합원들도 많아요.

"여자가 무슨 노조 임원이냐"라는 말을 늘 듣던 이순옥은 이제 "네가 하는 건 다 옳다"는 말을 듣는다.

제가 더 강하게 보이려 애쓰면서도 지금까지 버틴 이유예요.

  - 니가 하는 건 다 옳다. 니는 평생 운동할 사람이니까 세상을 바꾸든 뭘 하든 알아서 해봐라.

  조합원들의 이런 말들이 제게 힘을 줍니다.

처음으로 무대에 오르다
1979년생 안상숙(현대케피코)

아이랑 같이 집회에 간 적이 있는데, 무대에서 마이크 잡은 사람들을 보더니 아이가 묻는 거예요.

  - 엄마는 왜 저기 안 올라가?

  - 저기는 엄마 같은 사람이 올라가면 안 돼. 저런 분들이 있어서 엄마도 있는 거야.

  제가 여성부장으로 일할 때 지회장이 단식을 했어요. 그때 마침 우리 노조에 조직부장이 없을 때여서 제가 여성 최초로 쟁의대책위원회 위원을 겸했어요. 그리고 우리 회사에서 여성으로서는 처음으로 집회 사회를 봤어요. 선전부장이 그 사진을 찍었는데, 아주 마음에 들더라고요. 아들에게 그 사진을 보여주며 어깨가 으쓱했어요. 나중에 사진 찍어준 동지에게 커피 한 잔 사줬죠.

무대에서 마이크 잡은 사진을 아들에게 보여주고 어깨가 으쓱했다는 안상숙.

노동자가 노동을 제공하면 잘살아야죠
1982년생 황미진(KEC)

2010년부터 노조 대의원과 간부로 활동하다가 2020년에 지회장이 됐어요. 지회장이 되면 회사가 노동자를 함부로 대할 수 없다는 걸 보여주고 싶었어요. 잘못한 것 하나 없는데 노동을 혐오하고, 자기 권리를 위해 싸우는 노조를 싫어하고, 세상엔 우리를 지켜주는 이가 하나도 없는 것 같아요. 법이 지켜주는 줄 알았는데, 그것도 아니더라고요. 노동조합 안에서 우리가 단결해 싸울 때만 비로소 지킬 수 있죠.

지회장이 된 후 노동조합이 투쟁 위주의 활동에서 벗어나야겠다고 다짐했어요. 워낙 오래 싸웠으니까요. 조합원의 삶에 도움이 되는 노조를 만들고 싶어요. 그리고 더 잘하고 싶고요. 사회문제에도 관심을 기울이며, 우리 문제에 갇히지 말고 주변의 신규 노조도 도와주고 싶어요. 그런 게 자연스럽고 당연한 노조, 이를 중요하게 생각하는 노조 지회장이 되려고 해요.

노동조합이 왜 좋으냐고요? 노조가 하는 얘기가 다 맞으니까요. 저는 가진 사람이 아니잖아요. 사람들이 서로 무한 경쟁하며 사는 것도 참 이상해요. 왜 그래야 할까요? 왜 더 좋은 커리어를 쌓아야 하죠? 언제까지 그래야 할까요? 뭘 하든 먹고 살 수 있으면 되는데, 돈과 학력, 장애로 차별해요. 세상에는 개인이 소유할 수 없는 게 있어요. 땅과 물이 그렇죠. 그런데 이런 것들을 왜 소수가 소유하는지, 정말 억울해요. 제가 나쁜 짓을 하거나 노력을 안 한 것도 아니고, 공장에서 열심히 일하잖아요. 가령 현대자동차 노동자들이 연봉 1억을 받으면 왜 안 되나요? 그들이 열심히 일해 받은 거잖아요. 저는 사람들이 잘살았으면 좋겠어요. 노동자가 노동력을 제공하면 잘살아야죠. 그리고 다른 사람들도 노조를 만들었으면 좋겠고요.

동지들이 옆에 있는데 뭐가 겁나?

1978년생 고은아(금속노조 울산지부)

2012년 금속노조 울산지부 교육선전부장으로 활동하기 시작했어요. 밖에서 보면 금속노조가 엄청나게 세고 무서웠는데, 가까이서 동지들을 보니 너무 조용하고 차분해서 놀랐어요. 평생을 기계를 벗해 살아서 그런지 감정표현이 서툰 건 사실인데, 그렇다고 마음이 차갑지는 않더라고요.

총파업 투쟁이나 연대투쟁을 할 때도 지부 결정사항에 따라 일사불란하게 움직이는 모습이 좋았어요. 2014년 초 오랜만에 울산지역에 신규 사업장 조합원들이 들어와서 그동안 정체됐던 지부에 활력이 생겼어요. 연말에 전국노동자대회에 참석했어요. 박근혜 정권 때였죠. 예상대로 경찰이 최루액이 담긴 물대포를 쏘며 막아섰고, 울산지부는 민주노총 대오 맨 앞에 있었어요. 최루액에, 물대포에 정신없이 앞을 오가다 문득 이 자리에 처음 온 신규 조합원들이 생각나는 거예요. 말레동현필터시스템이 처음으로 노조에 가입한 뒤 막 기본 단체협약을 쟁취한 상태였거든요. 나이 많은 언니들에게 뒤로 빠지라고 했더니, 끝까지 목소리를 높여 싸우는 거예요. 소감을 물었는데, 제가 쓸데없는 걱정을 했더라고요.

 - 처음 참석한 서울 집회인데, 겁나지 않으셨어요?

- 동지들이 옆에 있는데, 뭐가 겁나?

고강알루미늄 투쟁도 기억에 남아요. 이 회사는 지난 20년 간 8번이나 구조조정 저지 투쟁을 하고 현장을 지켰어요. 구조조정 투쟁이 참 힘든데, 회사가 조합원들을 자르는 걸 막아야 하잖아요. 회사는 안 그래도 힘든데, 노조가 더 힘들게 한다고 주장해요. 그런데 8번이나 투쟁해도 회사가 안 망했잖아요. 2019년에 7번째 구조조정 저지 투쟁을 하는데, 정년을 맞은 한 조합원이 마지막 출근을 한 거예요. 그에게 왜 끝까지 투쟁했는지 물었어요.

- 노조 만들 때부터 같이하자고 했던 사람이 나야. 나 혼자 편하기 위해 빠지면 내 인생은 거짓이 돼 버리잖아. 끝까지 같이해야지.

이 마음이 우리 조직의 힘이에요. 조합원들의 이런 마음이 있기에 금속노조의 파란 깃발을 볼 때면 참 뿌듯했어요.

14.

평등실의 꿈

금속노조 중앙 사무처에는 67명의 조합원이 일하고, 이 중 22 명, 약 32%가 여성 조합원이다. 업무에 따라 정책실, 기획실, 조직실, 대외협력실, 교육실, 선전홍보실, 노동안전보건실, 미 조직전략조직실, 총무실로 구성되어 있고, 산하기구로 노동연 구원과 법률원이 있다.

정책실은 정세 분석, 고용안정 정책 수립, 사회보장 및 복지 정책 연구와 대책 마련, 교섭 대책 수립 등을 주요 업무로 한 다. 법률원과 함께 가장 오랜 시간 야근해서 노조 사무실에 불 이 꺼지지 않게 하는 이들이다. 기획실은 금속노조의 사업 방 향 및 계획을 수립하고, 매시기 중점사업과 집중해야 할 투쟁 을 기획한다. 조직실은 조직 확대와 강화를 위해 일하며, 투쟁 계획이나 각종 행사를 지원한다. 18만 명의 조합원이 투쟁하 는 전국 어느 곳에서든 조직실이 함께한다고 보면 된다. 대외 협력실은 시민사회단체 및 국제노동단체와의 연대사업, 국제 금속노련과의 공동사업을 추진한다. 또 민주언론과 연대활동 을 하며, 금속노조의 보도자료를 배포하거나 기자회견을 담당한다. 최근에는 미얀마 민주화운동의 국제연대를 위한 실천을 조직하고 있다. 교육실은 말 그대로 조합원에 대한 교육을 주요 업무로 한다. 교육 내용을 기획해 조합원들을 교육하고, 현장 조합원들이 스스로 교육 활동가가 되도록 지원한다. 금속노조 교육연수원 설립을 위해 가장 헌신한 사람들이다. 선전홍보실은 노조의 핵심사업과 각종 행사를 홍보하고, 기관지를 제작해 배포한다. 시대의 흐름에 맞는 새로운 홍보 방식을 많이 고민한다. 노동안전보건실은 노동안전보건 실태조사 및 연구, 대책 수립을 주요 업무로 하는데, 최근에는 중대재해로 죽는 노동자가 발생할 때마다 가장 먼저 현장으로 달려가 상황을 파악하고, 조합원들과 토론한 재발 방지 대책을 회사와 노동부에 요구하고 있다. '죽지 않고, 다치지 않고, 안전하게' 일할 수 있는 노동현장을 위해 바쁘게 움직인다. 가장 최근에 만들어진 미조직전략조직실은 비정규직 노동자의 조직 및 제도 개선, 조직 확대를 위한 전략 방안을 마련한다. 총무실은 각종 회의 준비와 회의록 작성, 문서 보관 및 폐기, 금전 출납과 회계 관리, 예산 편성 및 결산을 맡는다. 회의 자료와 돈을 다루기에 월말과 연말 결산일에 가장 바쁘며, 업무 스트레스도 심하다.

산하기구인 노동연구원은 금속노조의 중장기 전략 사업 연구 및 정책 개발을 맡는 기관으로, 정권과 자본의 노동정책 및 산업 동향을 분석한다. 임금, 고용, 노동시간, 노동안전보건에 대한 정책부터 경제, 정치, 언론, 문화, 여성 정책까지 이 사회의 모든 것이 연구 대상이다. 또 다른 산하기구 법률원은 노조 활동에 대한 법적 점검과 지원을 맡으며, 조합원과 간부의 법률적 전문성을 높이기 위한 역량 강화 사업을 한다. 현장에서 회사와 법적 다툼이 생길 때 지원하는 전문가들이며, 투쟁하는 금속노조에 대한 애정이 많다.

여성 사업을 여성위원회만 하는 것이 아니라, 금속노조가 성인지 감수성을 가진 사업을 하도록 노력하고 있다는 것이 중요하다. 조직실은 집회를 기획할 때 반드시 여성이 무대에 오르도록 한다. 마이크를 잡고 발언하는 사람 중 한 명 이상이 여성이 되도록 기획하는데, 여의치 않으면 사회자라도 여성 조합원이 하도록 안배한다. 문화공연을 하는 사람들도 남성 일색은 피한다. 정책실 여성 조합원들은 모범단협의 '남녀평등과 모성보호' 장의 개정 방향을 토론한다. 남녀평등은 성소수자를 배제하고, 모성보호는 여성의 노동권을 모성으로 제한하기에 성평등과 성소수자, 장애인을 포함하는 포괄적 평등권의 개념을 넣어서 바꾸자고 제안한다. 미조직전략사업실은 특수고용 여성노동자를 조직하고 실태를 고발하며, 교육실은 간부들의 기본 교육 과정에 성평등과 인권교육을 필수로 한다. 노동연구원은 일터에서 여성노동자들이 어떤 차별을 겪는지

연구하고, 법률원은 노조 간부 사이의 위계와 권위, 성별에 근거한 차별적 폭언에 대응하는 매뉴얼 제작을 제안한다. 머지않은 미래에 평등실을 만들어 성평등, 여성, 청년, 이주, 장애인 노동자의 노동권을 위해 투쟁하는 금속노조가 되기를 바란다.

오늘의 금속노조를 설계하고 만들어온, 그리고 미래를 만들어가는 사무처 여성 조합원들의 이야기다.

여자는 여자 옷을 입고 싶다
1966년생 임혜숙(평등사회노동교육원 부원장)

1993년 전노협에서 처음 일할 때는 월급이 없었어요. 그래서 생계문제로 떠나는 사람이 많았죠. 처음에는 선전국에서 일했고, 제가 편집국장일 때 민주노총 기관지 <노동과 세계>의 전신인 신문을 만들었어요. 그다음에 민주금속연맹, 금속산업연맹, 금속노조를 거쳤고요.

1995년 11월경 민주금속연맹 준비위원회가 만들어져서 면접을 보고 부산으로 내려갔어요. 보통은 사무실을 서울에 두는데, 당시 80% 이상의 조합원이 창원, 부산, 울산, 거제 등에서 조선업종과 철강, 전기전자업종에 일했거든요. 그래도 사무실이 서울에 있는 게 좋지 않겠냐는 의견과 조합원이 많은 영남권에 있어야 한다는 의견이 나뉘어서 중앙위원회에서 표결해 최종적으로 부산에 사무실을 두게 됐죠. 그렇게 2년쯤 부산에 있다가 중앙위원회 표결을 거쳐 1997년에 서울로 옮겼어요. 1996~97년 총파업을 해보니 중앙 조직이 부산에 있으면 안 된다는 의견이 많았거든요. 모든 투쟁이 서울의 청와대나 국회를 중심으로 진행되니까요. 그리고 1998년에 금속산업연맹이 출범했어요. 서울 서부역 근처 태호빌딩에 사무실을 차렸어요. 태호빌딩을 아직도 기억하는 게, 제가 거기 지하 태호사우나에 자주 갔거든요. 그 무렵엔 모두 미친 듯이 일해서 날마다 야근이고, 일주일에 두 번 이상은 밤을 꼬박 새웠으니까요.

금속노조 초반에는 늘 여성에게 대의원대회 서기를 시켰어요. 그래서 사무처 여성 활동가들끼리 모여 얘기를 했죠.

- 남자들은 왜 서기를 못하는 걸까?

- 서기를 못 하는 게 아니야. 2시간 이상 어깨 빠져라 집중해서 자판 치는 게 고된 노동이잖아. 남자들은 그게 싫은 거야. 여성들이 서기 하느라 정신없을 때 남성들은 대의원들과 커피 마시며 쟁점 토론을 하고 있다고.

그래서 회의에서 남녀 구분 없이 돌아가며 서기를 맡자고 제안했어요. 이런 것 하나도 문제 제기를 해야 했죠. 이런 예는 많아요. 노조에서 2년에 한 번씩 작업복을 주는데, 여성의 몸에 맞는 사이즈가 없었어요. 남성용 중 제일 작은 사이즈가 보통 90인데, 이게 여자들에겐 너무 큰 거예요.

- 여자는 여자 옷을 입고 싶다. 남자 옷을 줄여 입는 게 아니라 여자 옷을 달라!

물론 지금은 여성용과 남성용을 달리 신청할 수 있어요. 이런 문제를 제기할 때마다 바쁜데 사소한 데 목숨 건다는 반응이 많았죠. 그래도 우리가 남성 중심 사회에 사니까 사소한 것 하나하나까지 다 이야기해야 해요.

교육은 스스로 성찰하는 힘을 키우는 일
1964년생 최용숙(금속노조 교육국장)

금속노조의 교육은 시스템화되어 있어요.

- 정기적으로 교육하자. 지회장과 간부 교육을 하자. 금속노조의 최고 장점은 전 조합원 교육이다.

이런 말을 반복하면서 교육 프로그램을 만들었어요. 간부 교육을 의무화해서 조합과 지부 상근자를 대상으로 2박 3일간 주제별로 교육했고요. 교육에 관련된 실태조사도 많이 했어요. 외국 사례, 다른 산별노조 사례를 인터뷰하고 자료를 축적해 지회장 교육을 시작했죠. 그때는 외부 강사에 많이 의존했어요. 그러다가 우리 문제의 당사자인 노동자가 강의하자는 의견이 나왔어요.

- 강사가 될 노동자를 훈련해야 한다.

그래서 간부 역량 강화 교육, 강사단 훈련을 체계적으로 하게 됐어요. 이렇게 축적되어 지금은 금속노조의 힘일 뿐 아니라 다른 연맹에도 도움을 줘요. 노동자 교육 분야에서 하나의 모범이 된 거죠. 재정과 인력, 의식적인 노력이 맞물려 체계화되고 축적된 거예요. 오래 걸렸지만, 드디어 교육연수원도 개관했고요.

금속노조 조합원 중엔 남성이 많아서 거칠다고 느껴질 때가 있어요. 대화하는 게 싸우는 것처럼 보일 때도 있고요. 그런 게 초기에는 제게 상처가 되기도 했죠. 나 자신에 대한 치유가 필요하다고 생각해서 몇 가지 교육을 받았어요. 치유교육, 인권, 평화교육, 인성교육, 에니어그램, MBTI 등이요. 그러고 나서 금속노조 간부나 조합원을 대하는 게 달라졌어요.

- 중고등학교와 군대 생활을 모두 남자끼리만 한 우리 조합원들은 이제 기계와 일한다. 사람들과 대화하며 일하는 게 아니라 딱딱한 기계와 일하며 수직적인 명령에 익숙하다. 우리의 교육은 스스로 성찰하는 힘을 키우도록 만들어져야 한다.

교육 내용도 부드러워지고, 텍스트 중심이 아닌 사진과 영상을 많이 활용해요. 교육은 스스로 느끼고 깨지고 결의하고 다지는 것이라 생각해요. 이렇게 변하기까지 시간이 걸렸어요. 시행착오도 많았고요. 앞으로 성평등 교육도 더 활성화할 거예요.

금속노조 법률원에서 일하고 싶습니다
1978년생 박현희(금속노조 법률원)

2003년 25살에 금속노조 법률원에 들어왔어요. 저는 대학 다닐 때부터 집회에 많이 참석했어요. 당시 대우자동차가 구조조정을 한다며 노동자들을 정리해고해서 투쟁했는데, 부평에 돌과 화염병이 막 날아다녔어요. 학생들도 많이 참여했고요. 그때 경험이 컸죠. 금속노조의 흔들림 없이 굳건하게 싸우는 모습과 저항하는 느낌이 좋아서 금속노조에서 일하고 싶더라고요.

법대 4학년 때 노무사 시험에 합격했어요. 노무사가 뭘 하는지도 몰랐을 때인데, 노무법인에 들어가 업무를 파악했어요, 제 업무는 단체협약을 사용자 입장에서 분석하는 거였어요. 그저 학교 다닐 때 공부한 수준에서 분석했을 뿐인데, 그걸 사용자한테 주고 자문료로 수백만 원을 받는 거예요.

- 사용자는 돈만 주면 노무사가 검토해주는데, 노동자들은 누가 분석해 줄까?

그래서 1달 후 그만두고, 금속노조에 전화해 다짜고짜 말했죠.

- 금속노조 법률원에서 일하고 싶습니다!

채용공고도 안 났는데 일하고 싶다고 떼를 쓰니까 한번 와 보라고 해서 면접을 봤어요. 그리고 2003년 2월부터 일을 시작했어요. 노동자들의 투쟁이 어떻게 조직되어 파업까지 전개되는지의 과정을 알아가는 게 좋았어요. 법률원 변호사들이 진행하는 사건 중 노동위원회[17] 사건들을 중심으로 서면 쓰는 것부터 배워갔죠.

여성에게 필요한 역량은?
1979년생 정유림 (금속노조 정책국장)

학생운동 하면서 시그네틱스 노조 투쟁에 연대하러 갔다가 금속노조를 처음 알게 됐어요. 2007년에 채용공고를 보고 들어왔으니, 벌써 14년이 지났네요. 처음에는 여성 차장으로 들어왔어요. 온 지 얼마 안 돼 여성수련회가 있었는데, 제가 손

---

17 회사의 부당노동행위로 권리를 침해당하거나 해고당했을 때 노동자나 노동조합이 관할지역 지방노동위원회에 구제신청을 할 수 있다. 지방노동위원회는 각 관할지역 사업장에서 발생한 쟁의를 조정한다. 중앙노동위원회는 지방노동위원회의 상위 기관으로, 지방노동위원회의 결정에 불복할 경우 중앙노동위원회에 재심을 요청할 수 있다. 노동자와 사용자 간의 분쟁에 대한 조정과 판정을 주요 업무로 하는 독립성을 지닌 준사법적 기관이다.

바느질, 힐링, 마음 다스리기, 스트레스 해소와 같은 프로그램을 진행한 거예요. 여성 간부들은 금속노조 수련회에서 손뜨개질 강의를 한다고 실망하고 돌아갔죠. 그때부터 노조의 여성 사업이란 무엇인지, 여성에게 필요한 역량이 무엇인지 고민했어요.

노조 내 성폭력 사건도 제가 담당했는데, 모든 사건이 힘들었어요. 생리를 3개월간 거르기도 하고, 원형탈모도 생겼어요. 무엇보다 성폭력 사건을 처리할 땐 누구에게도 얘기할 수 없으니 너무 외로웠어요. 이런 사건이 재발하지 않으려면 조직 문화가 개선되어야 해요. 하지만 피해자의 요구사항을 들어주면 마치 노조가 할 일을 다 한 것처럼 처리하고 잊는 거예요. 그리고는 또 사건이 일어나고, 무한반복처럼 느껴졌어요. 담당이 저 혼자라 더 힘들었나 봐요.

 - 나의 한계인가? 나의 한계가 곧 금속노조 여성 사업의 한계인가?

그래서 다른 일도 해보고 현장과 더 가까이 있고 싶어서 서울지부 미조직부장으로 일했어요. 노조 중앙보다는 조합원이나 간부들과 좀 더 밀착돼서 좋았어요. 그런데 일하다 보니까 제가 사람 만나는 걸 좋아하는 스타일이 아니더라고요.

중대재해가 발생하면 빨리 현장으로 가요

1971년생 나현선(금속노조 노동안전국장)

2012년부터 금속노조 노동안전실에서 일했어요. 공무원노조에 7년 있었는데, 금속노조도 잘 모르고 더욱이 중앙 간부 경험이 없어서 쌍용자동차 노조 투쟁도 낯설었죠. 노동안전 사업은 용어조차 어려워서 처음 1년간은 고생스러웠지만, 재미는 있었어요.

중대재해는 지금도 어려워요. 사고가 나는 사업장은 10년 전이나 20년 전에도 사고가 났던 곳이에요. 원인이 제거되지 않으니 계속 사고가 반복되는 거예요. 사고가 접수되면 우선 빨리 현장으로 가야 해요. 직접 가서 봐야 무엇이 문제인지, 어떻게 해결해야 하는지 보이거든요.

조직 전체가 우리와 같은 마음으로 싸우지 않는다고 느낄 때가 제일 힘들어요. 물론 그렇게 되려면 우리가 역할을 다해야겠죠.

제일 힘든 건 슬프지 않은 현장 분위기

1985년생 강정주(금속노조 노동안전국장)

중대재해 신고를 받고 내려갔을 때는 이미 사고가 수습된 지

몇 시간 뒤인 경우가 많아요. 현장에 핏자국도 남아 있고, 정말 끔찍하죠. 그 처참함을 보면 울분이 터져요. 이런 사고는 아무리 반복돼도 익숙해지지 않는 것 같아요. 유족을 만나고, 장례식장에 가는 것도 매번 힘드니까요.

제일 힘든 건 하나도 슬프지 않은 현장 분위기예요. 너무 자주 일어나는 일이라 익숙한 듯한 현장, 당장 이 사고 때문에 일이 커질까 봐 노심초사하는 현장, 최소한의 추모조차 없는 현장에 갈 때면 정말 힘들어요. 특히 죽은 사람이 비조합원인 경우엔 더 심해요. 아직 멀었구나 싶어서 착잡하죠. 그래도 작년부터는 언론에 기사가 많이 나면서 사람들의 관심이 높아졌어요.

기억에 남는 사업장은 울산지부 서진산업 사내하청지회예요. 작년에 중대재해가 발생해 조합원이 사망했죠. 회사가 노동조합을 인정하지 않는 상태였는데, 지회장이 울면서 했던 말을 잊을 수가 없어요.

- 노조가 없을 때는 사람이 죽어도 할 수 있는 게 없었어요. 비록 회사가 노조를 인정하지 않고 단체협약도 맺지 못했지만, 사람이 죽었는데 아무것도 못 하고 넘어갈 순 없어요. 아무리 우리가 힘이 없어도 노동조합이 그러면 안 되잖아요.

이후 노조가 업무 복귀를 거부하고 이리저리 뛰면서 조합원들을 조직해 같이 싸웠어요. 그래서 처음으로 지회장 차가 공장으로 들어갔고요. 사망 사고 다음 날 지부 방송차도 공장에 들어가 집회를 했어요. 결국 회사가 노조의 요구사항을 다 들어주고, 원·하청이 함께 산업안전보건위원회 규정도 만들었어요. 요즘 다른 사업장에 갈 때 그 지회가 종종 생각나요.

조합원이 힘들 때 부끄럽지 않은 금속노조를 위해
1977년생 백일자(금속노조 문화국장)

2014년 3월 12일 금속노조에 들어왔어요. 현장과 밀착해 활동해보고 싶었거든요. 특히 투쟁 사업장이나 신규 사업장 조합원들은 금속노조에 대한 자부심이 높아서 자극이 됐어요.

- 동지들에게 부끄럽지 말아야지.

삼성서비스지회 조합원들은 금속노조가 자기 삶을 완전히 바꿨다고 생각해요. 노조를 만든 뒤 다른 산별노조에 문을 두드렸는데, 다들 삼성이라서 어렵다고 했대요. 그때 금속노조가 그들과 함께하겠다고 했고, 그들 싸움에 울타리가 되어준 거죠. 유성기업 한광호 열사 투쟁 때는 임금 손실을 감수하면서도 어용노조로 안 가고 금속노조에서 정년퇴직한 분들이 있어요.

- 내가 사람대접을 받은 데가 금속노조였습니다.

유성기업이 노조를 파괴하려고 위장폐업을 해서 투쟁을 오래 했거든요. 회사가 복수노조를 만들어서 많은 조합원이 회유와 탄압에 못 이겨 금속노조를 탈퇴했어요. 그런데도 끝까지 버틴 조합원들이 있었죠. 이들에게 금속노조란 무엇일까요? 그러니 조합원들이 힘들 때 부끄럽지 않은 조직이 되어야 한다고 생각해요.

저는 조직실 소속이라 투쟁 사업장 조합원들을 많이 만나요. 장기 투쟁하는 조합원들을 만나면 금속노조가 제 역할을 못해 투쟁이 길어지는 게 아닌가 싶을 때가 제일 힘들어요.

- 이 투쟁은 끝까지 가야 합니다!

금속노조 간부가 아니었을 때는 투쟁 현장에서 이런 말을 쉽게 했는데, 이제는 기한을 알 수 없는 싸움을 계속하라는 말을 섣불리 못 하겠어요.

- 동지가 금속노조에 있어서 다행입니다.

문화패 동지들에게 이런 말을 들으면, 내가 잘하고 있구나 싶어서 안심이 돼요. 문화패는 자부심이 있어요. 서울에서 집회하면, 문화패 동지들이 개인 휴가를 내고 참석해요. 연대투쟁도 지침이 아니라 자발적으로 가고요. 거기서 보고 느끼는 걸 서로 나누고 그런 게 좋아요.

노조 집회 문화가 변화했으면 좋겠다고 생각해서 책도 발행하고, 토론도 했어요. 획기적인 형식의 변화라기보다는 더 낮은 사람들의 이야기를 집회에서 담아내는 게 중요하다고 생각해요. 신분보장기금도 중요해요. 싸우려 하는 사람들에 대한 최소한의 보호와 지원을 조직적으로 해주는 것이니까요.

현장투쟁으로 이기는 게 좋아요
1985년생 박다혜(금속노조 법률원)

2016년 3월 32살에 금속노조 법률원에 들어왔어요. 변호사가 되고 처음에는 환경운동연합에서, 이후 2년 정도는 환경노동위원회에 소속된 의원실에서 일했어요. 그때부터 투쟁하는 노동자들을 많이 만났죠. 저는 노동자들을 조직하고 정치 세력화하여 그 힘으로 정부를 압박해야 한다고 생각하거든요. 그런데 국회에서는 개별적인 민원 해결이어서 고민이 되더라고요. 그래서 조직된 노동자들의 총합인 노조로 가서 실체를 보고 싶다는 생각이 들었죠.

노사관계에서 법률적인 검토는 투쟁 수단 중 하나일 뿐이에요. 법률원에서 변호사로 활동하지만, 법률 투쟁이 우선인 사업장들을 보면 아쉬워요. 금속노조가 투쟁을 이끌면, 우리는 법이라는 수단으로 지원하는 역할을 해요. 그래서 저는 금속노조 법률원에 들어온 게 잘한 선택이라고 생각해요.

저는 소송 도중에 현장투쟁으로 이겨서 노사합의하고 소송을 취하할 때 얼마나 좋은지 몰라요. 제가 서면 쓰고 했던 노력이 물거품이 되더라도 조합원들의 투쟁으로 이뤄냈으니까요. 소송을 포함해 우리가 검토하고 논의한 걸 바탕으로 현장에서 더 힘차게 싸워서 좋은 결과가 나왔을 때가 제일 뿌듯하죠.

금속노조 운동을 평생 해야겠다는 확신이 있어요
1990년생 안민지(금속노조 조직부장)

2018년 금속노조 사무처에 들어와서 조선 분과와 조사통계 일을 하고 있어요. 그러면서 금속노조처럼 거대한 조직에서 조사통계가 얼마나 필요하고 의미 있는지 느낄 수 있었어요. 밤새 임금 데이터를 분석하고, 최저임금과 이중임금체계 등 주요 쟁점에 관한 정책을 마련했죠. 표준 산별 임금체계 연구, 산별 교섭 연구 보고서 준비, 임단협 데이터베이스 시스템 개발 등 모두 의미가 크죠.

저는 금속노조가 자랑스러워요. 말로만 하지 않고 실천하니까요. 민주노총에서도 늘 우리가 앞장서잖아요. 그런 역할을 자임하는 것 자체가 자랑스럽죠. 물론 부족한 면도 있지만, 중요한 건 앞으로 더 많은 걸 바꾸고 발전할 수 있다는 믿음이에요. 저는 금속노조 운동을 평생 해야겠다는 확신이 있어요. 그 원동력은 현장 조합원들에게 있고요. 금속노조가 잘할 수 있고 희망이 있다는 생각을 하게 만들어요.

현대중공업 노조를 담당할 때 지부 사무실에 가면 간부들이 매일 머리띠를 매고 있었어요. 노조 사무국장, 정책부장과 논의할 때는 이렇게 깊이 고민하는 사람들이 여기 있구나 싶었어요. 지부장과 조직부장이 투쟁의 순간에 앞장설 때면 가슴이 두근거렸어요. 결국 그런 사람들이 모여 금속노조를 이루니 자랑스러울 수밖에요.

여자라서 안 된다는 것에 동의할 수 없어요
1988년생 **이민영**(금속노조 미조직부장)

학생운동 하고 졸업 후 사회단체에서 일하다가 2019년 7월 금속노조 미조직실에 들어왔어요. 처음에는 금속노조 신문 '바지락' 편집을 했어요. '바지락'은 공단의 미조직 노동자를 대상으로 매월 발행하는 신문이에요. 그런데 계속하다 보니 새롭고 단단한 내용을 기획하는 게 어렵더라고요.

이후 9월부터 연말까지 강릉 지역 신규 사업장인 신일정밀을 담당했어요. 거기도 모두 남성만 있는 곳이에요. 전면 파업을 앞두고 담당자가 바뀌면서 제가 맡게 된 거죠. 그런데 남성만 있는 사업장에 여성 간부가 상주하는 게 가능한지 말이 많았어요. 물론 안 하면 그만이지만, 제가 여자라서 안 된다는 것에 동의할 수 없었어요. 그래도 큰 틀에서의 경험이 제게 도움이 된 것 같아요. 처음 노조가 만들어질 때 간부들과 소통하며 주요 방향과 기조를 결정하고, 선전이나 공문 등 실무를 해보는 것까지 다 좋았어요.

석 달 넘게 강릉에서 상주하다 보니 심신이 좀 힘들었어요. 파업을 오래 하니까 조합원들과 여러 프로그램을 함께했어요. 한번은 <파업전야>라는 영화를 같이 봤는데, 한 조합원이 그러는 거예요.

- 야, 이렇게 재미없는 거 말고 야동이나 틀어줘.

깜짝 놀랐어요.

- 그런 얘기 하시면 징계받아요.

그런데 조합원들이 잘 모르니까 이런 얘기들을 계속했어요. 아무래도 신규 지회는 성평등 교육을 따로 해야 할 것 같아요.

제일 좋았던 건 시간이 지날수록 체계도 잡히고, 노조 간부로서 자기 일을 찾으며 변화하는 모습을 직접 볼 수 있었던 거예요.

15.

서로의 삶을 존중하는
각자의 삶

여성노동자에게 좋은 일자리의 조건 중 하나는 '집에서 가까운' 것이다. 아침에 일어나 아이들 깨워 밥 먹이고, 옷 입혀 학교 보내고, 출근해서 종일 일하고, 퇴근하는 길에 장을 보고, 집에 가 밥해서 저녁 먹고, 청소와 빨래하고, 텔레비전 잠깐 보다가 잠들어야 하기 때문이다. 그나마 남편이 폭력을 일삼는 사람이 아니라면 다행이다. 늘 명령조로 말하는 남편은 그보다 낫다. 헤어스타일, 옷차림, 뚱뚱하다는 지적뿐 아니라 손 하나 까딱 안 하면서 집안일까지 시시콜콜 잔소리하는 남편을 참고 사는 건 인내가 필요하다. 주말에 설거지나 청소 한 번 하고 집안일을 돕는다며 평등한 남편 행세를 하는 건 애교다.

노동운동을 하는 남자들은 밖에선 민주투사인데, 집에만 오면 거실 소파에 누워 텔레비전을 보면서 청소하고 있는 아내에게 "물"이라고 말한다. 노동조합 활동하면서 부모님이 계신 집에는 명절에도 잘 안 가던 사람이 결혼한 뒤 갑자기 효자가 되어 명절은 물론 부모님 생신과 제사, 김장 때마다 시댁에 가자고 한다. 왜 결혼 후 바뀐 거냐고 물어보면, '일 년에 몇 번이나 된다고 그게 귀찮은 거냐'고 한다. 남성들이 중요한 투쟁을 할 때는 집에서 아이가 크는지, 아픈지 관심이 없다. 여성들이 중요한 투쟁을 할 때는 아이들을 데리고 농성장으로 온다. 천막농성 투쟁이 길어지면 남성들은 담배를 피우며 회의하고, 여성들은 쓰레기를 치우며 밥을 한다. 남성 사업장은 투쟁하면 아내들이 가족대책위원회를 꾸려 지원하는데, 여성 사업장이 투쟁하면 남편들이 와서 집에 데려간다.

노동운동을 하는 여자들이 결혼하면 '결혼은 언제 할 거냐'라는 말을 더는 듣지 않아서 좋다. 노조 활동을 하는 남성과 결혼하면, 아이를 낳기 전까지는 큰 문제 없이 집안일과 노조 일을 병행한다. 문제는 아이를 낳는 순간 발생한다. 육아휴직 동안 경력이 단절되어 사회에 적응하지 못하고 무능력해질까 봐 두렵고, 직장 동료에게 아이 때문에 일을 제대로 하지 못한다는 평가를 들을까 봐 더 열심히 일한다. 그런데 이마저 마음대로 되지 않는다. 아이를 낳기 전과 똑같이 일하려면 남편이 도와야 하는데, 그는 중요한 회의가 있다며 아이를 돌보지 않는다.

결혼은 가부장제의 핵심으로 걸어 들어가는 것과 같다. 평소에 진보적인 남성일지라도 가부장제에서 수십 년 살아온 게 익숙해졌음을 명심해야 한다. 진보적이고 토론 잘하고 타인의 의견을 경청할 줄 아는 남자와 결혼했다고 생각하면 조만간 화병 난다.

결혼과 육아가 여성에게 안 좋은 영향만 준다고 주장하는 건 물론 아니다. 즐겁고 기쁠 때뿐 아니라 힘들고 지칠 때도 서로 의지하는 관계의 안정감은 결혼의 장점이다. 다만 그 시스템을 말하는 것이다. 가부장제 사회는 남성과 여성의 역할을 구분하고, 남성은 명령하고 여성은 순종할 것을 강요한다. 이는 집이나 사회에서 모두 그러한데, 특히 밀폐된 공간인 집은 밤길보다 위험하다. 한국여성의전화가 발표한 친밀한 관계의 남성에 의한 여성 살해 통계 '분노의 게이지'에 따르면, 지난 11년간 친밀한 관계의 남성에게 살해된 여성은 최소 975명이며, 미수까지 포함하면 1,810명에 달한다. 경찰청 인권침해사건진상조사위원회 발표에 따르면, 2018년 한 해 동안 가정폭력으로 112에 신고된 건수는 24만8,660건이다. 같은 해 한국가정법률상담소에 상담을 위탁받은 가정폭력 가해자 분석 결과를 보면, 배우자의 목을 조른 경우 13.3%, 칼이나 흉기로 위협한 경우 21.9%, 담뱃불로 지지거나 칼이나 흉기를 휘두른 경우가 21.6%다.[18] 이 모든 일이 사랑하는 사이에서 발

---

18 한국여성의전화, '여성폭력 근절과 성평등한 사회를 위해 21대 국회가 해결해야 할 핵심과제'(2020).

생한다. 가부장제 사회에서 아내가 자기 말에 순종하지 않아 화가 난 남편들이 저지르는 일이지만, 대부분 처벌받지 않는다. 여성에 대한 남성의 폭력을 국가가 승인하거나 적어도 방관하고 있으니, 이를 어찌 우연이라고 하겠는가? 이는 가부장적 국가 운영의 시스템이며, 이로부터 자유로운 남성이나 여성은 없다.

금속노조 여성 조합원들에게 결혼에 관해 물었다. 결혼해 아이 낳아 키우는 보통의 여성과 다를 게 없다고 대답할 줄 알았지만, 정리해보니 너무 달랐다. 하지만 다른 일을 하는 여성들과 같은 점도 있다. 일과 육아를 병행해 어려운 건 피해갈 수 없다는 점이다.

일흔이 돼도 신랑 손잡고 집회에 다닐 거예요
1966년생 고미경(앰코)

1998년 서른셋에 결혼했어요. 신랑은 경기도에 있는 한국후코쿠노조 위원장이었어요. 결혼 1년 전에 그 사람이 삭발하고 마이크 잡고 발언하는데 너무 멋있는 거예요. 그래서 우리 노조 대외협력부장에게 저 사람이 미혼인지 기혼인지 물었죠. 그렇게 만나서 바로 결혼했어요. 결혼하면서 일흔이 돼도 둘이 손잡고 집회하러 다니자고 약속했죠.

엄마가 시키는 대로 수당을 챙기는 딸

1967년생 이동훈(삼화)

저는 집에 가면 노동조합과 제 활동에 대해 다 이야기해요. 신랑하고 자주 의논해서 큰 반대는 없었어요. 아이들도 마찬가지고요.

큰애가 대학생이 되고 나서 카페 아르바이트를 시작했어요. 그래서 근로계약서는 썼냐고 물으니 자기가 알아서 한다는 거예요. 그러다가 11개월째에 해고됐어요. 사장이 내일부터 출근하지 말라고 했대요. 30일 전에 해고 예고를 안 했으니 사장에게 해고 예고 수당을 받으라고 했어요.

– 사장에게 엄마가 시키는 대로 말했어.

사장이 처음에는 안 주고 버티다가 큰애가 전화와 문자로 계속 따지니 결국은 주더래요.

엄마 주위엔 좋은 사람이 많아

1970년생 이선이(한국시티즌정밀)

1992년 12월 27일에 결혼하고 신혼여행 다녀오니까 신랑에게 해고통지서가 날아왔어요. 그때 통일중공업이 구조조정하면서 근속이 짧은 사람을 먼저 정리해고했는데, 신랑이 3년

이선이의 아들은 "난 엄마를 존경해. 엄마 주위엔 좋은 사람이 많으니까"라고 말한다.

차라 해고 명단에 오른 거죠. 우리는 결혼하면서 서로의 삶을 존중하기로 약속했거든요. 그래서 저는 투쟁 시기엔 집에 안 들어가요. 아이들도 당연하게 받아들이고요. 큰놈이 커서 그러더라고요.

　─ 엄마가 늦게 들어와서 내가 뚱뚱해진 거야. 혼자 매일 라면 끓여 먹어서. 그래도 난 엄마를 존경해. 엄마 주위엔 좋은 사람이 많으니까.

　그렇게 우리는 각자의 삶을 살죠.

애는 누가 볼 건데?

1974년생 엄미야(경기지부 부지부장)

예전에는 남성 동지들이 투쟁하는 게 그렇게 멋있더라고요. 에스제이엠 지회장이 제 남편이에요. 저는 삼남전자에, 남편은 에스제이엠으로 이름이 바뀌기 전 성진기공에 다녔어요. 둘 다 각 지회 사무장이었고, 금속노조에 막 가입해 같이 교섭을 했었죠. 그러다가 2003년에 결혼했어요. 결혼 날짜를 잡고 지부 집단교섭을 하는데, 성진기공 사용자가 좋은 소식이 있다며 우리 결혼을 축하해주자고 해서 노사 교섭단이 모두 박수를 쳤다니까요.

이후 결혼과 임신으로 많은 일이 꼬였어요. 그때가 제일 힘들었죠. 일하는 여성이 겪는 출산과 육아, 산전후휴가가 얼마나 심각하고 중요한 문제인지 이전엔 미처 몰랐거든요.

당시 우리 회사는 주야 교대근무를 했어요. 그런데 임신하면 야간에 일하지 못하잖아요. 그때부터 현장에서 저를 배제하는 분위기가 생겼어요. 특히 동료들이 그랬어요. 제가 임신하고도 굳이 회사에 다닌 첫 타자였던 거예요. 그전엔 임신하면 많이들 퇴사했거든요. 회사는 제가 뭘 요구하면 현장 핑계를 댔죠.

- 회사는 당신 요구를 들어주고 싶은데, 현장에서 말이 나

와서요.

노조도 제 문제를 해결해주지 않았어요. 돌이켜 생각해보면, 노조가 그런 문제를 중요하게 생각하지 않았던 것 같아요. 그저 임금협상과 단체교섭만 열심히 한 거죠.

아이를 낳고 복귀하니까 또 어려움이 발생했어요. 당시엔 육아휴직을 쓰는 사람이 없었거든요. 그래서 제가 처음으로 육아휴직을 쓰겠다니까 난리가 났어요. 저 혼자 창고에 보내더니 책상 하나 주고 허드렛일만 시키더라고요.

삼남전자를 그만두고 1년 후 경기지부 지역지회 사무장으로 일하기 시작했어요. 그때부터 부부싸움을 계속해서 거의 이혼 직전까지 갔어요.

- 애는 누가 볼 건데?

정말 번번이 아이를 누가 볼 건지에 대해 치열하게 싸웠죠.

엄마 이번에 '복삼' 됐어

1977년생 장정신(삼화)

저는 초등학교 6학년짜리 딸이 하나 있어요. 처음엔 남편이 제가 노조 활동하는 걸 싫어했어요.

- 노동조합 하지 마라. 나대지 마라.

노동조합 만들고 제가 대의원을 했거든요. 밤 10시 넘어 회

의하고 늦게 들어가니까 남편이 정말 싫어했죠. 그래서 오늘
은 무슨 일이 있었는지, 회사가 어떻게 못살게 구는지, 돌아가
는 상황을 계속 이야기해줬어요. 이제는 제 얼굴만 봐도 오늘
회사가 또 무슨 짓을 했구나 알아요.

- 싸우지 말고 욕하지 마라. 웬만하면 웃으면서 회사 다니
고, 삼화가 잘 해결됐으면 좋겠다.

지금은 이런 식으로 제게 당부하죠. 딸도 제가 노동조합 활
동하는 거 알아요.

- 엄마 이번에 '복삼' 됐어.

- '복삼'이 뭐야?

- 복지 3부장.

세상이 많이 변하긴 했어요. 딸하고 이런 말 하며 웃으니까
요.

슈퍼우먼이 될 필요는 없어
1978년생 고은아(금속노조 울산지부 교육선전부장)

아들이 4살 때 울산지부 교육선전부장이 됐는데, 벌써 13살이
됐어요.

시어머니가 제게 하신 말이 있어요.

- 은아야, 사람들이 나를 부르는 호칭이 달라졌어. 그전에는

나를 상우 엄마라고 소개했는데, 요새는 은아 시어머니라고 하더라.

시어머니의 말을 듣고 기분이 좋았어요. 제가 누구 아내, 누구 엄마라 불리는 게 아니라 금속노조 울산지부 고은아가 됐으니까요. 이상하게 동료들은 제가 비혼일 거라 생각하더라고요.

- 고은아 동지 결혼 안 했죠?

- 아뇨, 저 결혼했어요.

- 아, 그럼 아직 아이가 없으신가 봐요.

- 아뇨, 아들 하나 있어요.

그러면 꼭 남편을 궁금해하는 거예요. 아이 있는 여성이 활동하는 걸 참아주는 남편이 신기하다는 듯이요. 이런 질문이 반복된 뒤부터는 좀 길게 대답해요.

- 저는 결혼했고요. 무뚝뚝한 아들도 있어요. 시부모님과 함께 살고요.

그랬더니 다음 질문이 뭔지 아세요?

- 시어머니가 다 이해해주시나 봐요?

저는 서울에서 살다가 결혼 후 울산에 왔어요. 가사와 노조 일을 병행하면서 종일 종종거렸죠. 저는 둘 다 완벽하게 하고 싶었어요. 그런데 열심히 할수록 더 힘들어지는 거예요. 종일 눈물만 흘린 날도 있어요. 하루는 울산여성회에서 일하는 언

고은아는 "슈퍼우먼이 될 필요는 없다"라는 말을 듣고서야 힘들었던 자신의 상태를 알게 됐다.

니 세 명이 우리 집에 왔어요. 밥 먹고 차 마시다가 제게 그러더라고요.

－슈퍼우먼이 될 필요는 없어. 다 잘할 필요 없다고. 그냥 너를 좀 놔줘, 괴롭히지 말고.

그 얘기를 듣는 순간 위로가 됐어요. 그리고 내가 지금 무슨 짓을 하고 있는지 보이더라고요. 내 상태가 보이니 다른 여성 동지들의 상태도 보였고요. 모두 저처럼 그러고 있는 거예요. 집안일과 바깥일을 함께 하면서 정작 자신을 돌봄 틈이 없는 거죠. 그걸 혼자서 감당하다보니 유능하고 열정적인 수많은 여성이 소진되어 활동을 못 하게 되는 경우가 많아요. 여성이 노조의 최고 지도부나 핵심 간부가 되기 어려운 이유 중 하나가 여기에 있다고 생각해요. 여성 간부들의 어려움을 공감하고 함께 풀어나가는 금속노조가 됐으면 좋겠어요.

여기도 가족이구나
1979년생 김진아(KEC)

2010년에 공장 점거하고 살다 살다 처음으로 경찰서 유치장가서 잠도 자고 밥도 먹어 봤어요. 그때 첫 번째로 면회 온 사람이 남편이에요.

 - 네가 왜 여기 있어?

이게 첫마디였죠. '내가 왜 여기 있을까?' 생각하면서 정말 많이 울었어요. 태어나서 유치장 같은 데 가본 적이 없었으니까요. 친정은 남들이 부러워할 정도로 사이가 좋아요. 그래서 우리 가족을 지키기 위해 노조를 탈퇴하고 싶은 순간들이 있었어요. 손해배상 당했을 때도 그런 생각이 들었고요. 그런데 조합원들이 가지 말라고 잡더라고요. 그동안 조합원들이 저를 위로해주던 말들도 생각나고, 서로를 위했던 일들도 생각나서 '여기도 가족이구나' 싶었어요. 맞아요. 여기도 가족이에요.

시부모님이 응원해줘서 좋아요

1985년생 박다혜(금속노조 법률원)

2010년 변호사가 되기 전에 결혼했어요. 결혼한 지 11년 됐는데, 아이도 없고 남편과 독립적으로 살려고 노력해요. 서로 일하는 것에 대해 참견하거나 요구하지도 않아요. 제가 활동하는 걸 남편에게 이해받아야 한다고 생각하지도 않고요.

- 내가 그 일을 하게 됐어.

굳이 말하자면 통보하는 거죠. 허락받거나 이해받아야 할 일이 아니라고 생각하니까요. 친정 부모님은 제가 금속노조 법률원에서 일하는지 모르세요. 그저 변호사이긴 한데, 돈은 못 벌고 누굴 돕는 일이라고 막연하게만 아시죠. 그래서 가끔 이런 말씀을 하세요.

- 왜 다혜 주변에는 가난한 사람이 그리 많냐? 너는 왜 세상을 비뚤게 보니?

반면 시부모님은 구체적으로 아시고 저를 지지해주세요. 시어머니는 예전에 전교조 활동을 하셨고, 시아버지는 교사셨거든요. 그래서 며느리의 활동을 자랑스러워하세요. 시부모님의 지지와 응원을 받아서 참 좋아요.

남편은 저 같은 사람이 있어서 다행이라고 말해요. 저를 지지해주니까 편하죠.

여성 지회장이시네요

1982년생 황미진(KEC)

연애는 하고 싶을 때 하면 되는데, 20대에는 연애가 의무 같았어요. 그때 연애 못하면 다들 이상하게 봤으니까요. 그래서 압박감이 있었어요. 연애를 꼭 해야 하고, 누군가를 만나 결혼에 이르러야 목표가 완성된다는 식으로요. 이제는 그런 생각을 안 하죠. 연애를 안 하겠다는 게 아니라 편하게 살고 싶어요.

특히 노동자들이 편견이 심해서 여성노동자로서 힘든 게 많아요. 남성들은 여자가 노조 활동하는 걸 이해하지 못해요. 굉장히 뿌리 깊은 생각이에요.

- 여성 지회장이시네요.

매번 인사처럼 이런 말을 들었어요. 결혼한 조합원들이 노조 활동을 힘들어하는 이유도 남편과 많이 싸우기 때문이에요. 남성들은 자신이 조합원이라는 것, 교육이나 집회에 참석하는 걸 가족에게 숨기지 않아요. 그런데 여성들은 노조 교육이나 회식이 있어도 가족에게 말하지 않죠. 그냥 누구 좀 만난다고 둘러대는 거예요. 여성이 노조 활동하는 걸 이상하게 생각해서겠죠.

16.

우리가 껴안아야 할 미래,
마디오와 실라

2008년 115만 명이던 이주민이 2019년 250만 명으로 늘었다. 코로나19 바이러스 확산 이후 주춤하지만, 한국의 전체 이주민 수는 꾸준히 증가하는 추세다. 이 중 이주노동자는 약 140만 명으로 추산한다. 중국 교포를 제외한 88.9%의 노동자가 제조업에서 일하며, 이 중 77%가 30인 미만의 기업에 취업 중이다.[19] 2021년 민주노총에 조합원으로 가입한 이주노동자는 2,090명이고, 이 중 금속노조 소속 조합원은 129명이다.

　이주노동자가 한국에 들어오기 시작한 시기는 대략 1987년이다. 급격한 경제성장, 기업의 해외 이전, 내국인 노동자의 지위 향상과 임금인상, 소위 3D(위험하고 더럽고 어려운) 업종의 인력 부족 등으로 이주노동자에 대한 수요가 발생하여 아시안게임과 올림픽 때 관광비자 등으로 들어온 동남아 출신 이주노동자들을 고용하기 시작했다. 1987년은 노동자대투쟁이

19　전국민주노동조합총연맹, '2021 민주노총 이주노동자 조직화 어떻게 할 것인가'.

있던 시기다. 민주노조 건설 운동을 통해 저임금, 장시간 노동을 감내하던 한국인 노동자의 지위와 임금이 올라가니 기업들이 더 싼 임금으로 고용할 수 있는 이주노동자를 찾게 된 것이다.

중소영세업체들의 요구에 따라 1994년 산업연수생제도가 도입되어 한국의 선진기술 연수 명목으로 주로 동남아 출신의 이주노동자들이 한국에 들어왔다. 그러나 이 법은 산업연수생들을 노동자로 인정하지 않았다. 이주노동자들은 저임금은 물론 대부분 공장에서 여권 압류까지 당했으며, 심각한 산업재해에 노출된 노동인권의 사각지대에서 일했다. 2004년에는 산업연수생제도가 고용허가제로 바뀌었고, 현재 송출국은 16개 국가로 확대됐다.

고용허가제는 1년마다 근로계약을 체결하여 최대 5년 동안 계약할 수 있고, 노동조건이나 노동관계법, 사회보험 적용에서 내국인 노동자와 차별할 수 없음이 명시되어 그나마 산업연수생제도에서 발생한 다양한 노동인권 침해가 개선됐다고 한다. 그러나 실제로 현장에서는 여전히 노예노동이 강요되고, 기본권이 심각하게 침해되고 있다. 내국인 노동자와 차별하지 않는데, 왜 캄보디아에서 온 여성노동자 속헹이 2020년 겨울 비닐하우스에서 얼어 죽었을까? 고용허가제는 사업주에게 이주노동자를 고용할 수 있도록 허가해주는 제도이므로 모든 권리가 사업주에게 있다. 처음부터 노동자가 직장을 선택하는 것이 아니라 사장의 선택으로 고용이 결정되고, 계약된 사업장에서 계속 일하지 못하게 되면 체류 자격이 박탈된다. 심지어 성실근로자재입국제도는 사업장을 변경하지 않은 노동자만 재입국을 허가한다.

노동자가 노예노동을 강요당할 때 더 많은 폭력에 노출되는 것은 여성이다. 2015년 경기도 외국인인권지원센터가 직장 내 성희롱 피해 경험이 있는 375명의 이주여성노동자를 모니터링한 결과, 80%가 2종류 이상의 성희롱 피해를 당했다고 응답했다. 비닐하우스, 컨테이너박스, 창고 등 여성들의 숙소에 고용주가 들어와 성폭행했다는 언론 보도도 여러 번 나왔다.

마디오와 실라는 필리핀에서 왔지만, 외국인노동자는 아니다. 한국인 남자와 결혼해 한국 국적을 획득했기 때문이다. 그녀들은 아이들이 학교에 들어가자 돈을 벌기 위해 공장에서 일하고 있다.

두 사람을 인터뷰하러 전라남도 화순에 있는 공장으로 갔다. 그녀들이 일이 끝나면 인터뷰해야 해서 저녁 7시쯤 아성프라텍에 도착해 화장실에 갔다가 깜짝 놀랐다. 한국인용 화장실은 실내에 있는데, 이주노동자용 화장실은 공장에서 약 100m나 떨어져 있었기 때문이다. 왜 그들의 화장실은 한국인이 사용하는 화장실과 분리되어 공장 밖에 따로 떨어져 있는 걸까? 주변이 논밭이라 화장실까지 가는 어두운 길을 걸으며 의아했는데, 화장실에 들어가서는 경악할 수밖에 없었다. 전등은커녕 화장실 앞의 희미한 가로등 불빛조차 들어오지 않았고, 남녀공용에 악취가 진동하는 화장실은 문짝마저 떨어져 덜렁거리고 있었다. 라이터 불빛에 의지해 닫히지 않는 화장실 문을 신경 쓰며 볼일을 보고 나오니 이 회사에서 일하는 이주노동자들의 현실을 이미 다 본 느낌이었다. 서글픈 마음이 수습되지 않은 채 만난 마디오와 실라는 그래도 씩씩했으니, 그들에게 금속노조의 미래가 있다.

나쁜 놈, 나쁜 놈
1974년생 마디오(아성프라텍)

필리핀 팡가시난 루손이 고향이에요. 한국에는 2002년 5월 5일에 들어왔어요. 결혼해 아이 낳고 농사지으며 살다가 돈이 없어서 2015년 7월 2일 아성프라텍에 입사했어요. 봉고차 내장재를 조립하는데 일이 너무 힘들어요. 아침 8시 30분부터 일해서 저녁 6시 30분에 퇴근해요. 점심은 구내식당에서 먹어요. 앞사람이 먹고 가면, 뒷사람이 먹을 음식이 남지 않아요. 오늘도 콩나물, 김치, 국이 나왔는데, 늦게 가서 콩나물이 없더라고요.

금속노조가 발행하는 신문 '바지락' 이주 특집호. 미조직 노동자를 대상으로 공단에 배포하는 월간 홍보물로, 이주노동자를 위해 12개 언어로 제작한다.

불량이 자주 나오는데, 그러면 관리자가 외국 사람이 한 거래요. 한국 사람이 만드는 건 불량이 없다고 해서 스트레스 많이 받았어요. 그래서 따로따로 검사해달라고 했어요. 한국 사람이 만드는 건 저쪽에 놓고, 외국 사람이 만든 건 이쪽에 놓으라고요. 그랬더니 한국 사람이 만든 것에서 불량이 많이 나왔어요. 이제는 괜찮아요. 불량이 나오면 품질서약서를 쓰라고 하는데, 나는 불량을 낸 적 없으니 쓰지 않았어요. 품질 검사하는 사람 중에 나이 많은 사람이 있는데, 화가 나면 제품을 던지고 외국인에게 함부로 해요. 한국 사람에게는 못 하면서 외국 사람에게만 그래요. 그래서 필리핀 말로 욕했어요. 계속 욕했어요.

- 나쁜 놈. 나쁜 놈.

노조에서 남녀공용 화장실을 분리해준다고 했어요
1973년생 실라(아성프라텍)

저는 필리핀 민다나오에서 왔어요. 아버지가 결혼을 두 번 해서 첫 번째 엄마 자식이 10명이고, 두 번째 엄마 자식이 3명이에요.

결혼하고 한국에 2003년 3월 3일날 왔어요. 고향을 생각하면, 음식이 가장 그리워요. 필리핀 음식이 맛있거든요. 아보카도 주스, 부코 주스, 여러 가지가 있죠.

2015년 10월 22일 아성프라텍에 입사했어요. 자동차 내장재를 조립하고요. 노동조합 가입한 지는 3년 됐어요. 2017년 11월 26일 노조 설립할 때 저도 가입했어요. 조립 라인에 48명 정도 일하는데, 필리핀 사람이 5명이고, 베트남 사람도 있어요. 노조 가입해서 라인에 정수기가 생겼어요. 남녀공용이던 화장실도 분리해주겠다고 했고요.

해야 할 물량이 많을 때 짜증나요. 특근하면 월급이 200만 원 넘고, 특근 없으면 200만 원이 안 돼요. 월급은 생활비로 들어가죠. 신랑이 일주일에 3일만 농사짓고 나머지는 놀거든요. 그나마 여름에만 일하고요.

저는 한촌에 살아요. 한촌은 산이 많아요. 2시간마다 시내로 나오는 버스가 있어요. 저는 회사에 운전해서 다녀요. 제가 원래 똑똑한데, 운전면허 시험이 어려워서 계속 떨어지다가 5년 전에 면허를 땄어요. 운전해서 차로 오면, 집에서 회사까지 40분 정도 걸려요. 회사 다니면서 일하는 게 경제적으로 도움이 많이 돼요. 필리핀에 있는 가족들이 돈 필요하다고 전화 오면 보내기도 하고요.

이제 신랑이랑 안 사니까 좋겠네

1974년생 마디오(아성프라텍)

필리핀 사람에게 소개비를 주고 전남편을 만났어요. 그런데 소개해준 사람이 제게 거짓말을 한 거예요.

- 남자가 부자다. 아파트 10채에 가정부가 10명 있다. 자동차도 10대다.

한국에 들어와 보니 아파트가 아니라 비닐하우스가 10개 있더라고요. 논도 많아서 일이 엄청나게 많았어요. 시어머니도 있었지만, 남편과 저만 일했어요. 새벽 4시부터 밤 10시까지 농사를 지었죠. 회사 가도 무조건 7시에 집에 와야 하고, 놀러도 못 가고요.

남편이 필리핀을 좋아해서 같이 살 때는 해마다 같이 필리핀에 다녀왔어요. 하지만 필리핀에 가도 남편이 나한테는 돈 한 푼 안 주고, 자기 물건만 샀어요. 딸을 임신한 지 3개월 때 남편이 필리핀에서 나를 때렸어요. 가족들이 그걸 보고 한국 가지 말고 필리핀에서 살라고 했는데, 애들 때문에 여기 와서 살아요.

한국에서도 때렸어요. 애들 앞에서도 맞았고요. 서울로 도망가고 광주로 도망가고, 세 번이나 집을 나갔어요. 광주문화센터에서 제 얘기를 듣고 도와줬죠. 지금은 100m 접근금지가

처분이 떨어져서 괜찮아요. 남편과 따로 산 지 9년 됐어요. 딸 하나, 아들 둘인데, 애들이 착해요. 애들이랑 동복면에 살아요. 동복면 사람들이 사정을 다 알아서 절 보면 이렇게 말해요.

- 마디오, 이제 신랑이랑 안 사니까 좋겠네.

애들 반찬 해 먹이는 게 제일 힘들어요. 큰아들이랑 딸은 필리핀 음식을 좋아하는데, 막내는 안 좋아해요. 저는 김치찌개를 잘해요. 작년에 퇴직금 정산해서 아들이랑 같이 필리핀에 다녀왔어요. 애들이 이제 사춘기라 힘들어요.

- 엄마 왜 나 낳았어? 왜 엄마는 한국말 몰라? 바보.

애들이 이런 말 할 때 슬퍼요. 저는 꿈이 없어요. 60살 돼서 늙으면 여기는 요양원에 보내죠? 요양원에 가게 될까 봐 걱정이에요. 꿈보다 걱정이 많아요.

큰아들이 사춘기예요, 오매 진짜 머리 아파
1973년생 실라(아성프라텍)

저는 한국 주민등록증이 있어요. 이제는 영어로 말하려 해도 한국말이 먼저 나와요. 결혼하고 한국 와서 산 지 20년 동안 필리핀에는 5번 다녀왔어요. 마지막으로 간 게 2018년 여름휴가 때예요.

화순에는 필리핀 사람이 많아요. 200명 정도의 모임이 있는

금속노조에는 129명의 이주노동자 조합원이 있다. 이들에게 노조의 미래가 있다.

데, 요즘은 코로나 때문에 못 모여요. 모이면 같이 밥 먹고 놀아요. 신랑 빼고 만나서 신랑 흉도 보고요.

고등학생 아들 하나, 초등학생 아들 하나가 있어요. 큰아들은 사춘기예요. 말도 안 하고, 물어보면 방에 들어가버려요. 오매, 진짜 머리 아프고 속상해요.

애들 음식이 제일 어려워요. 똑같은 거 주면 맛없다고 하거든요. 저는 요리를 못해요. 식당에서 먹어본 걸 집에 와서 만들면 그 맛이 안 나요. 애들이 잘 안 먹으면 마음이 아파요. 내가 한국말을 못하니까 애들이 바보라고 하면 나도 필리핀 말로 욕해요. 그럴 때는 필리핀에 가고 싶어요. 신랑한테 화날 때도요. 제 꿈은 애들 잘 커서 학교 다 보내고, 늙어서 일을 못 하게 되면 필리핀 가서 사는 거예요.

　노동조합에 바라는 거…, 임금 많이 올려줬으면 좋겠어요.

17.

금속노조 조끼 입고
뭘 해도 행복해요!

여성노동자들의 이야기가 마지막 장에 이르렀다. 금속노조 여성 조합원들은 오늘도 투쟁하며 살고 있다.

"금속노조가 '이노이'라는 이름에 자부심과 삶의 의지를 북돋아줬어요. 젠더문제나 성평등에 대해서도 많이 배웠고요. 딸이나 며느리가 아들에게 '남자가 울면 되냐?'라고 하면, 그렇게 말하면 안 된다고 타일러요. 딸과 며느리는 저를 대단하게 생각해요. 며느리는 저를 무섭다고도 하고요. 한다면 하는 성격이라고 생각하는 것 같아요."

- 1959년생 이노이(한국지엠)

"한국케이디케이에서 32년째 일하고 있어요. 금속노조는 우리 노동자들에게 큰 힘이에요. 덕분에 겁도 없이 사장한테도 달려들 수 있고요. 제게는 노동조합이 인생의 전부예요. 무서울 게 없죠. 금속노조라는 든든한 백이 있으니까요."

- 1960년생 김순덕(한국케이디케이)

"너무 힘들어서 혼자 바닷가에 바람 쐬러 갔다가 처음으로 담배를 피운 적이 있어요. 그런데 저 멀리 등대가 깜빡이더라고. 그걸 보니까 갑자기 나를 믿어주는 조합원이 내 희망이라는 생각이 드는 거예요. 그럼 나도 그들의 희망이 되어야겠죠. '노동조합은 등대고, 나는 등대지기다'라는 생각을 했어요."

- 1960년생 정영자(현대자동차)

"35년 세월 동안 저는 무수하게 패배했어요. 노동자들이 패배할 순 있어요. 그래도 무릎을 꿇으면 안 된다고 생각해요. 민주노조 운동의 역사는 저항의 역사입니다. 인간답게 살기 위해서요.

여성은 남성에 비해 노조 활동하기가 훨씬 더 어렵습니다. 그럼에도 불구하고 노조운동을 해야 하는 사람들이 여성 동지들입니다. 공장에서 제일 먼저 잘리는 게 여성이고, 여성 동지들이 훨씬 원칙적입니다. 잘 타협하지 않아요. 한진중공업 파업 때도 그런 경우를 참 많이 봤어요. 파업하는 노조 사무실 앞에 '외부인 출입금지, 특히 짭새'라고 딱 붙여놔요. 그런데도 경찰이 들어와요. 저 사람이 왜 노조 사무실에 있냐고 물으면 고등학교 선배래요. 위원장과 같은 향우회 출신이래. 이러니 무슨 파업이 되겠습니까? 여성은 그런 인맥이 별로 없거든. 그래서 저는 여성이야말로 세상을 바꾸는 원칙적인 노조 활동을 할 수 있다고 믿습니다. 그러니 우리 여성위원회 동지들, 힘내서 끝까지 함께 갑시다."

- 1960년생 김진숙(한진중공업)

"금속노조 임원은 전부 대공장 출신이에요. 앞으로는 지역의 작은 사업장 출신들이 노조 임원에 출마할 수 있는 시스템을 만들어야 해요.

금속노조는 존재 자체가 자랑스러워요. 제게는 놀이터고요. 저는 교회에 다니진 않지만, 늘 은혜 받은 사람이라고 생각하며 살았어요. 노동조합이 제게 세상의 찬 맛, 더운 맛을 알게 해줬죠. 경험과 실천의 장이었고, 노조 덕분에 저는 부족함이 없었어요. 물론 힘든 일도 있었지만, 세상 살면서 이 정도 안 힘든 일이 어디 있겠어요. 거저 되는 일은 없으니까. 오랫동안 금속노조 활동하면서 새로운 사람도 만나고, 새로운 것도 찾을 수 있어서 좋았어요. 자부심도 있고요. 젊었을 때부터 한길을 걷다 보니 이제는 내가 가장 잘하는 게 노조 활동이에요. 그래서 재미있게 일하려고 노력하죠."

- 1962년생 김현미(금속노조 전 부위원장)

"쌍용자동차 정리해고 반대투쟁이 가장 기억에 남아요. 동지들이 점거농성을 할 때 연대하러 공장에 들어가 제가 마이크를 잡고 발언했어요. 투쟁이 마무리되면 교섭을 통해 손배가압류를 풀 수 있으니 힘차게 투쟁하자고요. 제가 그런 발언을 왜 했을까요? 쌍용자동차 노조는 아직도 손해배상 문제가 해결되지 않았거든요. 조합원이 또 죽었다는 말을 들을 때마다 마음이 너무 아팠어요. 남편과 딸이랑 만사 제치고 대한문 앞 집회도 가고, 기회 있을 때마다 함께하지만 미안함이 가시질 않아요. 제가 한 말이 계속 여기, 가슴에 남아서요.

제가 살아온 삶이 부끄럽진 않아요. 노조를 알게 된 게 정말 고맙죠. 쌍용자동차 조합원들에게 미안함이 큰데 제가 해줄 수 있는 게 별로 없어서, 제가 그때 수많은 사람 앞에서 한 말을 책임지며 살려고 해요. 일흔이 돼도 노동자들과 연대하며 살고 싶어요."

- 1966년생 고미경(앰코)

"노동조합은 단결이에요. 투쟁할 때나 집회할 때도 단결이고, 함께 먹는 밥이 맛있는 이유도 단결이라고 생각해요."

- 1967년생 장순영(성진CS)

"금속노조는 제게 첫사랑 같은 존재예요. 그리고 제가 살아가는 힘이죠. 사람들은 금속노조가 많이 변했다고 하지만, '한다면 한다'는 구호 아래 모이는 금속노조의 힘은 누구도 무시하지 못 해요. 폐업투쟁이 마무리되고 지금은 일반노조에서 일하지만, 금속노조는 친정과 같아요. 아직도 금속노조 조끼를 가지고 다니죠."

- 1970년생 **이선이**(한국시티즌정밀)

"2018년 파업을 했는데, 회사가 밥을 안 주는 거예요. 그래서 솥단지를 걸고, 자기가 먹을 만큼 쌀을 가져오기로 했어요. 귀찮았는지 남성 동지들은 쌀을 안 가져오더라고요. 회사 마당에 가져온 쌀을 한데 모으는 프로그램이 있었는데, 남성 동지들이 소외될까 봐 여성 동지들이 여러 봉지를 가져와 그들 손에 쥐여줬어요. 그랬더니 정말 좋아하더라고요. 이게 바로 노동조합이구나 싶었죠. 별거 아닌 것 같지만, 모두 같은 마음으로 같은 행위를 하는 거요. 그리고 누구도 소외되지 않게 배려하는 마음이 여성 조합원들의 힘인 것 같아요.

지금은 정말 행복해요. 노조가 있는 좋은 회사에 다니니까요. 예전에 직장생활도 하고 사업도 해봤는데, 제 권리를 못 찾는 경우가 많았어요. 그런데 노조 활동하면서 제 요구와 부당함을 말할 수 있어서 좋아요.

저는 금속노조 조합원으로 산다는 게, 금속노조 조끼를 입는다는 게 정말 당당해요. 금속노조 조끼는 갑옷이거든요. 처음에는 어색했는데, 이제는 동지들 만날 때 조끼를 안 입으면 창피하더라고요. 내가 왜 그 든든한 갑옷을 안 입고 이 자리에 손님처럼 와 있나 싶어서요. 조끼를 입고 동지들과 함께하는 모든 게 행복하죠."

- 1971년생 김지현(코리아에프티)

"금속노조는 저에게 기준이에요. 노조에 불만도 있고 마음처럼 안 되면 짜증날 때도 있지만, 중앙 간부는 매일 선택과 결정의 기로에 놓일 때가 많아요. 하루든 1달이든 1년이든 기준을 잘 잡고 있어야 올바른 판단을 할 수 있잖아요. 금속노조

김지현은 누구도 소외되지 않게 배려하는 마음이 여성 조합원들의 힘이라고 생각한다.

간부로서 어떤 판단을 해야 할지, 모두 함께 잘 살기 위해 어떻게 투쟁해야 할지, 제가 처음 노조 활동을 결심한 날부터 지금까지 이 기준을 잊지 않으려 해요. 금속노조가 바로 그 기준이고요."

- 1971년생 **나현선**(금속노조 노동안전보건국장)

"금속노조는 내 삶을 변화시킨 곳이에요. 사회를 보는 눈이 많이 달라졌거든요. 그리고 나 자신을 알게 해준 곳이기도 해요. 한국 정서가 여자들이 드세면 싫어하잖아요. 그런데 여자는 드세면 안 되나요? 남자들은 자기 목소리를 내며 당당하게 투쟁해도 드세다고 표현하지 않잖아요.

노조 활동을 한 뒤로 거리에서 천막을 치거나 투쟁하는 사람들이 잘 보여요. 예전엔 그냥 지나쳤던 거죠. 무엇 때문에 싸우는지 몰라도 다 이유가 있겠지 하고 이해가 돼요. 커피라도 건네고 싶고, 투쟁하는 분들을 보는 시각이 달라졌어요."

- 1971년생 **나미자**(레이테크코리아)

"노조 활동하면서 제 인생이 가장 빛났던 것 같아요. 투쟁하면서 연극, 소모임, 낭독모임 등 수많은 활동을 했어요. 학교 다닐 때 발표도 못 하던 제가 노조 활동하면서 앞에 나가 발언도 했고요. 투쟁할 때는 에어로빅 공연도 했어요. 제 인생에서 노조 활동한 40대가 가장 화려하고 행복했어요."

- 1973년생 박성남(레이테크코리아)

"나중에 제 묘비엔 반드시 노동운동하다가 죽었다고 새기고 싶어요. 저는 금속노조가 정말 자랑스러워요. 경제자유구역 저지 투쟁, 주40시간 쟁취 투쟁, 정리해고 저지 투쟁을 한 금속노조가 앞으로 더 잘됐으면 좋겠어요. 물론 제가 열심히 해야겠죠. 임금 및 단체협약을 뛰어넘어 진정한 활동가를 만드

박성남은 인생에서 노조 활동하던 시기가 가장 행복하고 빛났다고 한다.

는 조직이 됐으면 좋겠어요. 그게 제 역할이고요. 여성위원회
도 그런 조직 사업을 해야겠죠.

제가 금속노조 운동이 중요하다고 다시금 느끼게 해준 게 하
이디스 투쟁이에요.

- 투쟁하는 동지들에게 내가 해결사가 되려 하면 안 된다.

이게 그 투쟁에서 배운 핵심이에요. 함께 투쟁하다 보면 지부
나 노조가 협상해주잖아요. 너무 힘들고 앞이 안 보이니 그들
인생이 더 망가지기 전에 정리해주고 싶은 거죠. 그때마다 당
사자인 하이디스 동지들이 거절했어요. 나중에 느낀 건데, 중
요한 건 투쟁의 승리만이 아니라는 거예요. 답이 보여서 가는
게 아니라, 스스로 '이젠 됐다'고 하기 전까진 동의가 안 될 수

묘비에 노동운동했다고 새기고 싶다는 엄미야

있어요. 그걸 존중해줘야 해요."

- 1974년생 엄미야(금속노조 경기지부 부지부장)

"하나 된 금속노조가 됐으면 좋겠어요. 공동투쟁도 힘 있게 결의하고, 결의대로 싸웠으면 해요. 금속노조는 나의 희망이자 모두의 희망이죠."

- 1975년생 이순옥(현대아이에이치엘)

"저는 1999년에 입사했고, 들어올 때부터 노동조합이 있었어요. IMF 때는 투쟁을 많이 했어요. 어느 날 멋모르고 집회에 참석했는데, 갑자기 퍽 소리가 나더니 옆 사람이 피를 흘리는 거예요. 그게 최루탄 때문인지, 돌멩이 때문인지는 지금도 몰라요. 어쨌든 너무 놀라서 얼음이 됐어요. 그렇게 부들부들 떨고 있는데, 한 아저씨가 저를 잡고 뛰었어요. 땅을 밟는 느낌이 없어서 공중으로 날아가는 것 같았죠.

그 무렵 노조에서 임금인상을 요구했는데, 우리가 함께 일해 수익이 났으니 다 함께 나눠야 한다는 거예요. 그런 생각을 해본 적이 없어서 신선하게 다가왔죠. 2001년에는 우리 노조가 금속노조로 조직 전환을 했어요. 산별노조가 모두 함께 싸우니까 다른 투쟁 사업장을 많이 만났어요. 그 자체가 좋기도 하고, 고마운 마음이 들더라고요. 선배들이 열심히 싸워서 우리가 지금의 임금과 노동조건을 인정받는 거잖아요. 그러다가 우리가 투쟁하면 금속노조 다른 사업장들이 연대해주니까 가슴이 뭉클했어요. 다 같이 힘을 모아 투쟁하는 걸 보면서 내가 금속노조 조합원임이 좋았어요. 집회 때 오와 열을 맞추는 것처럼 체계가 잡혀 있는 것도 좋았고요.

금속노조는 비록 남성이 많지만, 여성 활동가들이 오래전부터 활동해왔기에 여성들이 차별을 덜 받는다고 생각해요. 선배들이 남성들 사이에서 투쟁했기에 제가 이렇게 편하게 성평등 교육도 받을 수 있고요. 금속노조 여성 활동가들은 정말 멋져요. 제가 금속노조 조합원인 것도 참 다행이고요."

- 1979년생 안상숙(현대케피코)

"금속노조는 조합원이 버틸 수 있는 버팀목이에요. 노조가 없으면 우리도 힘이 없어요. 노동조합이 있으니까 우리가 버티면서 일할 수 있는 거죠. 저를 보세요. 비정규직이었다가 정규직으로 채용됐잖아요. 그때 노조 활동가들이 도와주지 않았으면, 저는 지금 이 자리에 없겠죠."

- 1981년생 김미희(기아자동차)

"우리 노조가 산별 전환 투표를 할 때 가슴이 두근거렸어요. 그때 지회장이 우리가 산별노조를 만드는 거라고 했어요. 산별노조는 하나의 사업장이 아니라 전국의 동지와 같이하는 거라고요. 그 말이 굉장히 멋졌어요. 그때의 두근거림을 다시 느끼고 싶어요. 노동자들이 한꺼번에 대투쟁을 하면 얼마나 좋을까요? 다 같이 투쟁하는 그런 산별노조가 됐으면 좋겠어요. 지금도 열심히 하니까 언젠가는 이뤄지지 않을까요? 구미지부 사업장이 모두 파업하면 얼마나 멋질까요? 파업이 멋진 이유는 나와 다른 노동자들의 권리를 지킬 가장 정당한 수단이자 힘이니까요. 힘없는 우리가 할 수 있는 가장 강력한 투쟁 방법이기도 하고요. 임금을 포기하면서까지 우리 모두를 위해 싸우는 거잖아요.

노동조합은 의식수준이 높아야 하는 것 같아요. 서로 나누고 평등해야 하니까요. 사회에선 이게 불가능하잖아요. 그러니까 노조 활동가의 의식수준이 높아야 하죠. 다른 노동자들을 위하는 것이 곧 나를 위하는 것이라고 생각해야 해요. 앞으로도 금속노조가 산별노조답게 멋지게 투쟁했으면 좋겠어요."

- 1982년생 황미진(KEC)

"금속노조는 투쟁하는 조직이에요. 법률원에서 일하면서 투쟁을 중심에 두는 분명한 지향점이 있어서 만족해요. 가끔은 변호사가 아닌 사무처 간부가 되고 싶기도 해요. 법률원에는 그런 생각을 하는 변호사들이 많죠.

- 우린 이제 틀렸어. 사무처로 옮기고 노동안전보건부장이나 조직부장을 해도 아마 거기서 소장 쓰고 있을걸. 이제 안 받아 줄 거야.

우리끼리 우스갯소리로 이런 말을 하는데, 앞으로는 조직과 결합해 더 많은 노동자를 조직하고 연대하고 싶어요. 금속노조 법률원은 투쟁하는 노동자에 대한 애정이 각별해요. 단순히 노동자를 지원하는 개별 변호사가 아니라 투쟁하는 노동자들을 지원하는 변호사라는 제 위치가 정말 좋아요."

- 1985년생 박다혜(금속노조 법률원)

"금속노조는 울타리예요. 제가 혼자 할 수 없는 걸 같이하면서 힘이 되어주는 울타리요. 집회 때 수많은 경찰과 대치하면서 감동받을 때가 많았어요. 제가 교육선전부장이어서 사진을 찍는데, 다 같이 노래하는 것도 참 멋있어요.

우리 노조는 인원이 적어서 우리끼리만 싸우면 뭔가 부족해요. 사진을 찍어도 폼이 안 나고요. 그런데 연대하러 온 다른 사업장 동지들과 함께 있으면 그렇게 멋지더라고요. 아침에 출근투쟁할 때도 동지들과 같이 플래카드를 들고 있으면 소름이 돋을 정도로 감동적이에요. 목요일마다 변전소 사거리에서 플래카드를 들고 선전전을 하는데, 여러 사업장 동지들이 와요.

- 목요일 6시 30분 변전소 사거리에서 선전전이 있습니다.

집행부 메신저 채팅방에 이런 공지가 뜨면, 아무 대답이 없어요. 그런데 시간 맞춰 가보면 다들 와있죠. 공단이라 출근시간엔 차가 막혀서 일찍 나와야 하거든요. 추운 겨울에도 온몸으로 바람을 맞으며 모이는 것 보면 신기하고 대단해요. 그런 게 금속노조의 힘인 것 같아요. 다 같이 서 있는 울타리의 힘이요."

- 1989년생 서인애(대륙금속)

"저는 이 회사에 복직하고 싶어요. 해고되고 보니까 현대중공업 사내하청뿐 아니라 모든 기업이 이런 식이더라고요. 그러니 다른 데 들어가도 소용없죠. 회사를 옮겨봤자 거기서 또 똑같은 대우를 받을 테니까요. 그래서 여기서 바꾸자는 생각으로 투쟁하고 있어요. 노조 조끼를 입으면 더 착해져야 한다고 생각해요. 가령 조끼를 입고 오토바이를 타면 과속도 못 하죠. 사람이 살면서 기억에 남는 터닝포인트가 있는데, 저는 두 번 있어요. 첫 번째는 살던 곳을 벗어나 울산에서 자취하면서 스스로 돈을 벌기 시작했을 때이고, 두 번째는 노동조합에 가입했을 때예요. 세상 돌아가는 것과 한국의 실체를 알아가는 내 삶의 전환점임을 깨달았죠. 그래서 최대한 열심히 하고 있어요. 원래 말을 잘 못 해서 처음 발언한 날 울면서 얘기했거든요. 중식 선전전을 할 때는 경비들이 몰려왔어요. 그런데 두 분이 목청껏 발언하다가 목이 쉰 거예요. 그래서 제가 대신 발언했는데, 너무 북받쳐서 울어버렸죠. 처음으로 마이크를 잡아봐서 그런지 심장이 터질 것 같았어요. 노조에 가입한 뒤론 늘 심장이 두근거려요.

노조 활동한 뒤 바뀐 점이 있다면, 제 삶에 대한 만족이 높아진 거예요. 뉴스나 정치에 관심도 없고, 우물 안에서 편히 살았던 제가 노조 활동을 한 뒤론 공부를 많이 하고 있어요."

- 1994년생 변주현(현대중공업 사내하청업체)

마침표를 찍다

무엇보다 우리의 역사가 이야기이길 바랐다. 연표로 정리된 역사, 그동안의 회의 자료와 선전물을 모아 백서로 정리되는 역사에는 여성의 목소리가 삭제되어 있다. 금속노조 여성노동자의 이야기가 이 시대를 살아가는 사람들에게 아낌과 사랑을 받았으면 좋겠다는 욕심이 있었다. 그리고 쉽고 재미있게 읽히길 바랐다. 이 바람이 얼마나 어려운 일인지 인터뷰를 정리하고 편집해 책을 만들며 확인했다. 이렇게 어려운 일인지 미리 알았더라면 시작하지 못했을 것이다.

가장 어려웠던 일은 1,000페이지가 넘는 인터뷰 자료를 100페이지 정도로 줄이는 과정이었다. 맥락상 모든 이야기가 소중했는데, 전체의 이야기로 편집하며 삭제할 때마다 당시 조합원의 얼굴이 떠올라 손이 부들부들 떨렸다. 최윤정 조직실장이 그 모습을 보고 원고를 들고 가 이틀 만에 과감하게 칼질한 원고로 돌려주었다. 전체 집필 기간 중 가장 힘들었던 시기를 최윤정 실장의 도움으로 넘길 수 있어서 고맙다.

두 번째로 어려운 일은, 이 책 발간이 금속노조의 사업이라는 점이다. 여성위원회 토론을 거쳐 중앙집행위원회 승인을 받아 예산이 책정됐으며, 2021년 출판이 대의원대회에서 확정된 사업계획이다. 인터뷰하고 정리하고 흐름을 만들어 배치하고 서술하면서 예상치 못한 일이 발생했을 때 이것이 개인의 작업이라면 판단하거나 뒤로 미루는 게 훨씬 가벼웠을 것이다. 책을 만든다는 게 어떤 작업인지 모르고 덤볐구나 하며 시간에 쫓기는 느낌이 들 때마다 무식해서 용감했던 나를 스스로 격려하고 응원하기 버거웠다.

세 번째로 어려웠던 것은 '대중적으로 읽히는 책'에 대한 감각이 내게 없었던 점이다. 야심차게 기획해 나름대로 정리한 원고를 들고 처음 출판사를 찾았을 때 '독자들에게 다가가기 어려워 보인다'는 말을 들었다. 깜짝 놀랐다. 이게 왜 어렵지? 그냥 우리 사는 이야기인데? '우리' 노동조합 활동을 하며 사는 사람들이 얼마나 '다른' 일상의 언어를 사용하는지 안다고 생각했는데 오판이었다. 언어뿐 아니라 전체 구성에 대한 생각도 달랐다. 대중적으로 읽히자는 목표에 맞게 책의 구성과 배치를 안내한 조정민 대표와 최인희 편집장이 아니었다면 이 책은 금속노조 내부에서 회람하는 자료로 그쳤을 것이다.

금속노조 여성노동자들을 인터뷰해 역사를 정리해보고 싶

다는 기획은 스베틀라나 알렉시예비치의 『전쟁은 여자의 얼굴을 하지 않았다』를 읽고 얻은 것이다. 대조국전쟁(제2차 세계대전)에 병사로 동원된 여성들의 목소리를 듣고 러시아 역사를 재구성한 이 책을 보고 감탄하면서, 21세기 한국에서 노동조합 활동을 하는 내가 지금 마땅히 들어야 할 목소리를 기록하지 않고 있는 건 아닌지 생각하게 되었다.

이 책의 한계가 있다면 그것은 조직의 몫이고, 이 책에 오류가 있다면 그것은 나의 몫이다. 한계는 금속노조의 조직적인 토론으로 넘을 것이고, 오류가 확인되면 반성할 것을 약속한다.

이현우 선생님과의 인문학 공부가 이 책을 기획할 수 있도록 나를 용감하게 만들었다는 점을 밝혀둔다. 알렉시예비치를 내게 알려준 것도 이현우 선생님과 인문학을 공부하는 벗들이었다.

2020년 11기 부위원장이 된 나와 금속노조 중앙에서 여성사업을 함께하는 김은혜 국장이 이 책 작업의 실무를 맡았다. 뭘 제안해도 물개 박수치며 좋아하고 함께해준 김은혜 국장 덕에 일 욕심 많은 내가 욕심껏 일했다. 적극적으로 지원해주는 김호규 위원장을 비롯한 임원들, 늘 배려해주는 사무처 동지들, 그리고 소수지만 반짝반짝 열정이 넘치는 여성위원회 동지들께 고개 숙여 감사의 인사를 전한다. 동지들이 아니라면 이 책은 없었다는 걸 굳이 말해야 하나, 싶다가 적는다. 이 책은 18만 금속노조가 만든 것이다.

마지막으로 김기식 씨는 편안히 쉴 집을 나에게 주어 스트레스와 무거운 일들을 감당할 수 있게 했다. 고맙다.

마침표를 찍는다.

2021년 8월 20일

전국금속노동조합 부위원장 권수정

반짝반짝 빛나는

1년간의 육아휴직을 마치고 돌아오자, 2019년에 마무리하지 못한 사업인 금속노조 여성운동사를 기록하고 엮는 일이 기다리고 있었다. 여느 다른 일과 마찬가지로 올해 여성 사업 중 하나였으므로, 부지런히 인터뷰이를 섭외하고 일정을 잡고 녹음기와 캠코더, 노트북을 들고 그녀들의 이야기를 들으러 다녔다.

자신의 삶이 민주노조 운동의 역사 그대로인 언니들, 금속노조 활동으로 자기 이름을 찾았다는 여성들, 투쟁하면서 한 번도 해보지 못한 활동을 했고 그로 인해 자신의 삶이 반짝이게 됐다고 말하는 여성들, 마지막까지 금속노조를 지키는 사람이 있다면 그건 바로 나일 거라고 말하는 여성들을 인터뷰하며 많이도 만났다.

사람들이 금속노조를 진심으로 사랑하는구나, 이 사람들이 귀하게 여기는 금속노조를 나도 그렇게 대해야겠다는 마음이 들었다.

이 여성들의 이야기가 책으로 엮여 사람들에게 읽히게 된 것이 참 좋다.

금속노조에 빛나는 여성들이 이렇게나 많다는 것이 드러나면 좋겠다.

그리고 금속노조 안에서 더 많은 여성이 주목받고 성장하고 맘껏 활동할 수 있으면 좋겠다.

2021년 8월 24일

전국금속노동조합 여성국장 김은혜

20개 지부(14개 지역지부, 6개 기업지부), 365개 지회,

18만2,292명 조합원 중 여성 1만1,741명(6%)

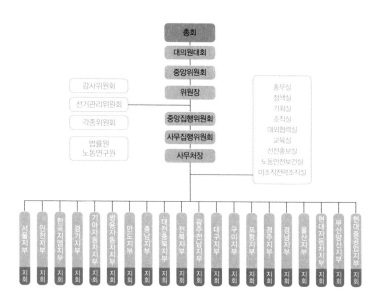

제93조 [여성, 비정규직, 외주화 등 고용형태상 차별 개선]

① 여성비정규직, 외주화, 분리직군 등 고용형태상 차별을 해서는 아니 된다.

② 회사는 성별을 이유로 직무를 구분하여서는 아니 된다.

③ 회사는 업무별 성비 불균형 혹은 임금 격차가 존재할 경우, 노조와 합의를 통해 향후 3년간의 해결절차방안을 마련한다.

④ 회사는 단시간 근로제 및 변형근로제를 도입해서는 아니 된다. 일시적인 업무에 한해 도입할 시 노조와 합의, 임금과 근로조건상의 차별을 금지한다.

제94조 [모집과 채용]

회사는 모집과 채용에 있어서 채용기회, 면접, 고용형태 등에서 성에 따른 차별을 하지 않고 남녀에게 평등한 기회를 보장하기 위해 다음 각호를 준수해야 한다.

1. 회사는 남녀분리모집, 성별채용인원 배정, 응모기회 배제 등 여성직원의 채용기회를 제한하는 행위를 하지 않는다.

2. 회사는 여성직원임을 이유로 남성보다 낮은 직급 또는 직위에 모집을 하거나 불리한 고용형태로 채용하는 행위를 하지 않는다.

3. 회사는 직무수행에 필요치 않은 용모, 키, 체중 등의 신체적 조건, 미혼조건, 기타 노동부령이 정하는 조건을 여성에게 제시하거나 요구하여서는 안 된다.

4. 회사는 채용을 할 때 전체의 ( )%를 여성으로 할당해야 한다.

5. 채용조건에 대해 당해 여성직원 또는 노조가 부당함을 제기할 경우 회사는 정당한 이유를 제시하지 못하는 채용조건에 대해서는 무효화하고 시정한다.

6. 회사는 매년 모집채용과 관련한 공고, 계획, 선발기준, 응시자통계, 채용현황 등 자료를 노조가 요구할 경우 제시해야 한다.

제95조 [임금]

① 회사는 동일가치의 노동에 대하여는 동일한 임금을 지급하여야 하며 어떠한 임금지급방식에 따르더라도 성을 이유로 한 차별을 두지 않는다. 다음 각호의 경우는 '동일가치노동에 대한 차별임금'으로 본다.

1. 동일한 직급내에서 합리적인 근거없이 특정성에게 낮은 호봉을 부여하는 것

2. 임금인상이나 호봉승급시 차이를 두어 특정성에게 불리하게 하는 것

3. 임금차별을 목적으로 고용형태를 달리하거나 직무·직종·직렬 등을 달리하는 것

② 회사는 동일가치노동의 기준은 직무수행에서 요구되는 능력과 실제로 수행하는 기능으로 하되, 동일가치노동 결정시 여성 조합원 대표를 포함한 노조의 동의를 얻어야 한다.

③ 회사는 임금 외에 생활보조적, 복리후생적 금품 및 각종 생활안정자금을 지급할 때 성차별 또는 가족상의 지위를 이유로 성차별을 할 수 없다.

제96조 [교육훈련]

① 회사는 교육훈련에 있어서 여성직원을 남성직원과 차별대우하지 않는다.

② 회사는 교육훈련 대상자 선정시 여성직원을 제외하거나 남성직원에 비해 불리한 조건을 부과하지 않도록 하고 구체적인 방법은 조합과 합의하여 시행한다.

③ 회사는 직무수행에 필요한 교육훈련의 내용에 있어서 여성직원인 것을 이유로 차별하지 않는다.

제97조 [배치]

① 회사는 업무배치에 있어서 여성직원을 남성직원과 차별대우하는 행위를 하지 않는다.

② 회사는 일정한 직무의 배치대상에 여성 조합원을 배제하지 않는다.

③ 회사는 여성직원에게 혼인, 임신, 출산, 연령 등의 이유로 노동장소, 노동계약, 고용형태 등 노동조건을 불이익하게 변경해서는 안 된다.

④ 업무배치에 있어서 동일학력·경력의 여성직원을 남성직원과 차별하지 않는다.

⑤ 회사는 여성직원에 대해 급격한 직무변동 및 원격지로 발령할 때는 조합과 본인의 사전동의를 얻어야 한다.

⑥ 새로운 인사제도의 도입시 성별기준에 따라 재배치하는 행위를 하지 않는다.

제98조 [승진, 승급]

① 회사는 승진, 승급에 있어서 여성직원인 것을 이유로 남성직원과 차별대우하는 행위를 하지 않는다

② 회사는 승진, 승급에 필요한 기회, 조건, 절차에 있어서 성에 의한 차별을 하지 않는다.

③ 회사는 여성직원에게 승진한계를 차등적용하지 아니하며 여성직급을 세분화하여 차별하는 행위를 하지 않는다.

④ 승진에 있어서 여성직원에 대한 적극적 우대조치를 차별로 보지 않는다.

⑤ 회사는 승진 승급시 여성직원이라는 이유로 불리한 처우를 받았다고 생각하는 여성직원 또는 조합의 이의제기가 있을 시 인사고과 등 관련 자료를 제시하고 타당한 근거를 제출해야 하며 정당한 이유에 대한 입증을 못한 경우에는 회사는 즉시 시정해야 한다.

⑥ 회사는 승진·승급에서 대상자 중 ( )% 이상의 여성직원을 승진·승급시킨다.

[부록3] 금속노조 여성노동운동사 기록에 함께한 사람들

	이름	지부	사업장/직책	생산물품	출생연도
1	권수정	금속노조	금속노조 부위원장		1973년생
2	엄미야	경기	경기지부 부지부장		1974년생
3	김지현	경기	코리아에프티	자동차부품 (케네스타, 필러넷 등)	1971년생
4	길혜진	경기	코리아에프티	자동차부품 (케네스타, 필러넷 등)	1982년생
5	이동훈	경기	삼화	담배필터 제조회사	1967년생
6	김연숙	경기	삼화	담배필터 제조회사	1972년생
7	장정신	경기	삼화	담배필터 제조회사	1977년생
8	안상숙	경기	현대케피코	파워트레인 제어시스템	1979년생
9	이은선	경남	경남지부 부지부장		1974년생
10	이선이	경남	한국시티즌	시계 제조업	1970년생
11	하명순	경남	대호MMI	휴대폰 부품(패널)	1964년생
12	김은형	경남	한국산연	전원공급 안전장치 제조업	1970년생
13	백은주	경남	한국산연	전원공급 안전장치 제조업	1982년생
14	이순옥	경주	현대IHL	자동차부품(램프)	1975년생
15	고미경	광주전남	광전지부 부지부장	반도체(트랜지스터)	1966년생
16	변혜진	광주전남	금호HT	자동차부품(LED)	1976년생
17	엄희영	광주전남	광주금속지역지회/대우전자	오디오 부품	1968년생
18	실라	광주전남	아성프라텍	자동차부품	1973년생
19	마디오	광주전남	아성프라텍	자동차부품	1974년생
20	황미진	구미	KEC	반도체(트랜지스터)	1982년생
21	이미영	구미	KEC	반도체(트랜지스터)	1980년생
22	김진아	구미	KEC	반도체(트랜지스터)	1979년생

23	이미옥	구미	KEC	반도체(트랜지스터)	1970년생
24	김진아	대구지부	대구지부 선전부장		1989년생
25	김순덕	대전충북	KDK	전선, 전기코드 제조	1960년생
26	김진숙	부산양산	한진중공업	조선소/용접공	1960년생
27	이필자	서울	레이테크코리아	스티커 포장업	1962년생
28	나미자	서울	레이테크코리아	스티커 포장업	1971년생
29	박성남	서울	레이테크코리아	스티커 포장업	1973년생
30	김선이	서울	신영프레시젼	LG핸드폰 1차 하청업체	1972년생
31	정영희	서울	성진	자동차시트 제조	1962년생
32	장순영	서울	성진	자동차시트 제조	1967년생
33	유흥희	서울	기륭전자	부품조립 (내비게이션 등)	1970년생
34	김소연	서울	기륭전자	부품조립 (내비게이션 등)	1970년생
35	박행란	서울	기륭전자	부품조립 (내비게이션 등)	1962년생
36	김경희	서울	자동차판매	자동차판매	1968년생
37	김현미	서울	금속노조 전 부위원장		1962년생
38	김태을	서울	동부지역지회 /한국캅셀	캅슐 제조회사	1973년생
39	김진희	서울	LG케어솔루션	LG전자 렌탈가전 방문관리 매니저	1980년생
40	임혜숙	서울	평등사회노동교육원		1966년생
41	고은아	울산	울산지부 사무국장		1978년생
42	서인애	울산	대륙금속	자동차범퍼 현대차 납품	1989년생
43	박옥이	인천	한국지엠 사내하청	자동차 조립	1965년생
44	박을숙	전북	현대그린푸드	현대차 전주공장 구내식당	1962년생
45	신덕자	전북	현대그린푸드	현대차 전주공장 구내식당	1966년생
46	김미정	전북	현대그린푸드	현대차 전주공장 구내식당	1966년생

47	여혜경	전북	현대그린푸드	현대차 전주공장 구내식당	1968년생
48	이정란	전북	현대그린푸드	현대차 전주공장 구내식당	1977년생
49	오복환	충남	대한솔루션	자동차부품 (진동, 소음 부품)	1962년생
50	이노이	한국지엠	한국지엠 부평공장	자동차 조립	1959년생
51	고은하	한국지엠	사무직	패키지 엔지니어	1980년생
52	김미희	기아차	기아자동차 광주공장	자동차 조립	1981년생
53	김공자	현대차	현대자동차 울산공장	구내식당	1960년생
54	정영자	현대차	현대자동차 울산공장	자동차 조립	1960년생
55	김혜숙	현대중공업	현대중공업 울산공장	중전기	1968년생
56	변주현	현대중공업	서진ENG	조선소/용접공	1994년생
57	김명희	금속노조	재정국장		1973년생
58	정유림	금속노조	정책국장		1979년생
59	최윤정	금속노조	조직실장		1968년생
60	김은혜	금속노조	여성국장		1975년생
61	백일자	금속노조	문화국장		1977년생
62	안민지	금속노조	조직부장		1990년생
63	최용숙	금속노조	교육국장		1964년생
64	조영미	금속노조	교육국장		1968년생
65	나현선	금속노조	노안국장		1971년생
66	강정주	금속노조	노안국장		1985년생
67	이민영	금속노조	미조직부장		1988년생
68	박현희	금속노조 법률원	노무사		1978년생
69	박다혜	금속노조 법률원	변호사		1985년생

여성노동자, 반짝이다

2021년 10월 15일 초판 1쇄 발행

지은이	전국금속노동조합
편집	조정민 최인회
디자인	이경란
인쇄	도담프린팅
종이	페이퍼프라이스

펴낸곳	나름북스
등록	2010. 3. 16. 제2014-000024호
주소	서울시 마포구 월드컵로15길 67 2층
전화	(02)6083-8395
팩스	(02)323-8395
이메일	narumbooks@gmail.com
홈페이지	www.narumbooks.com
페이스북	www.facebook.com/narumbooks7

ISBN	979-11-86036-65-5 03330
값	16,000원